KB270534

SPARKNOTES™

공산당 선언

The Communist Manifesto

카를 마르크스 | 프리드리히 엥겔스

다락원 | Spark Publishing

SPARKNOTES™ 004

공산당 선언

펴낸이 정효섭
펴낸곳 (주)다락원

초판 1쇄 인쇄 2009년 2월 10일
초판 1쇄 발행 2009년 2월 17일

책임편집 안창열
디자인 손혜정
번역 강태원
표지삽화 손창복

다락원 경기도 파주시 교하읍 문발리 509-1
내용문의: (031)955-7272(내선 400)
구입문의: (02)736-2031(내선 112~114)
Fax:(02)732-2037
출판등록 1977년 9월 16일 제300-1977-23호

Copyright © 2009, 다락원

출판사의 허락 없이 이 책의 일부 또는 전부를
무단 복제 · 전재 · 발췌할 수 없습니다.
잘못된 책은 바꿔 드립니다.

값 7,000원

ISBN 978-89-5995-169-7 43740

http://www.darakwon.co.kr
일이관지(一以貫之) 논술팀이 제시한 실전 연습문제 답안작성
논술가이드는 www.darakwon.co.kr에서 무료 제공합니다.

세계의 교양을 읽는다

고전을 왜 읽는가?

인간의 삶과 세상에 대한 영원한 물음이 있기 때문이다. 시대와 사상을 뛰어넘어 지금 여기 우리에게 필요한 물음이 없는 고전은 더 이상 고전이 아니다. 인간과 삶에 대한 근원적인 물음 없이 고전을 읽는다면 자신과 인간에 대한 성찰과 지혜로 이어지지 않는다. 논술 시험 때문에, 과제물 때문에, 아니면 남들이 읽으니까, 나도 읽는다는 식이라면 그 책은 죽은 책일 수밖에 없다.

고전을 살아 있는 책으로 만드는 이 '물음!'에 답하기 위해서는 좋은 길잡이가 필요하다. 오랜 기간 동안 미국의 고교생과 대학 주니어들이 시험, 에세이 작성, 심층토론 준비를 위해 바이블처럼 애용해온 'SPARKNOTES'와 'CliffsNotes'는 바로 그런 좋은 길잡이의 표본이다. 이 두 시리즈가 원조 논술연구모임인 '일이관지(一以貫之)' 팀의 촌철살인적 해설을 곁들여 논술로 고민중인 대한민국 학생 여러분을 찾아간다.

SPARKNOTES와 CliffsNotes의 가장 큰 장점은 방대하고 난해한 고전을 Chapter별로 요약하고 분석해서 원전의 내용에 보다 쉽고 체계적으로 접근하는 신속·간편성이라고 할 수 있다. 여기에 '一以貫之' 팀이 원전의 중요한 문제의식, 즉 근원적 '물음'은 무엇이며, 그 '물음'은 오늘날에도 여전히 유효한가, 라는 질문을 다시 던진다.

대입논술로 고민하고, 자칭 타칭의 고전이 넘쳐나는 오늘의 독서풍토에서 지적 정복이 긴박한 대한민국 학생들에게 감히 이 시리즈를 자신있게 권한다.

一以貫之 논술연구모임 연구실장 이호곤

SPARKNOTES와 CliffsNotes는 방대하고 난해한 원작을 보다 쉽게 이해할 수 있도록 돕는 안내서입니다. 여기에는 원작 이해를 돕기 위해 매 장마다 '요점 정리(또는 줄거리)'와 '풀어보기'가 실려 있습니다. '요점 정리(또는 줄거리)'에는 원저의 내용을 일목요연하게 정리해 놓아 저자가 전달하려는 내용을 어렵지 않게 파악할 수 있습니다. '풀어보기'에서는 철학서의 경우, 원저에 담긴 저자의 사상이나 관련 철학, 시대 상황, 논점 등을, 문학 작품인 경우에는 원작에 담긴 문학적 경향, 등장인물의 심리상태, 주제 등을 설명해 놓았습니다. 분석적이고 비판적인 글읽기의 바탕이 되는 요소들이죠. 비소설이나 소설을 막론하고 분석적이고 비판적인 글읽기는 독자에게 꼭 필요한 자질입니다.

그밖에도 원저를 좀더 깊이 복습해서 제대로 소화할 수 있도록 돕기 위해 'Study Questions'와 'Review Quiz' 등을 마련해 놓았습니다.

* 〈 〉는 철학서, 장편소설, 중편소설, 수필집, 시집. " "는 단편소설, 논문
* 작품명은 독자의 이해를 돕기 위해 예외적인 경우를 제외하고는 영어식으로 표기함.

○ 일이관지(一以貫之) 논술노트

권말에는 일이관지 논술팀에서 작성한 논술노트가 실려 있습니다. 원저를 우리의 삶과 연계시켜 비판적 사고와 논리적 글쓰기의 방향을 제시합니다.

○ 실전 연습문제

논술예제와 기출문제를 통해서는 원작을 바탕으로 출제 가능성이 높은 논점을 함께 숙고해 봅니다.

간추린 명저 노트

1847년, 공산주의자연맹이란 급진 노동자단체가 런던에서 회합을 갖고 카를 마르크스 Karl Marx와 프리드리히 엥겔스 Friedrich Engels(최근에 성원이 됨)에게 대표로 선언문을 쓰도록 위임했는데, 그것이 바로 "공산당 선언 The Communist Manifesto"이다. 공산주의 이론의 저자는 마르크스이고, 엥겔스는 편집과 보조역할을 담당했다. 1848년 런던에서 처음 발간된 "공산당 선언"은 마르크시즘이라고 알려지게 된 철학의 체계적 진술로, 모든 현대 사회주의 기록물들 중에서 가장 폭넓게 읽혔을 뿐만 아니라 커다란 영향력을 미쳤다.

마르크스(1818-83)는 철학자이자 경제학자였으며, 사회학자이면서 정치 혁명가였다. 1843년 파리로 이주한 그는 엥겔스(1820-95)를 만나 수편의 논문을 공동 작업했다. 당시에 두 사람은 공산주의 혁명이론에 관한 글로는 가장 유명했다. 마르크스는 F. 헤겔*의 저작에서 아주 커다란 영

---

* **F. 헤겔**(Friedrich Hegel, 1770-1831): 칸트 철학을 계승한 독일 관념론의 대성자. 합리주의적 계몽사상의 한계를 통찰하고 역사의 의미에 눈을 돌렸다. 모든 인식이나 사물은 정(正)·반(反)·합(合)의 3단계를 거쳐 전개된다는 변증법이 그의 철학과 논리학의 핵심. 주요 저서는 〈정신현상학〉 등.

향을 받았다고 할 수 있다. 헤겔은 역사를, 세계가 그 자체를 정신으로서 인식해가는 하나의 과정으로 이해한다. 그 생각을 한 걸음 더 발전시킨 마르크스는 인간이 스스로를 정신으로 이해하게 됨에 따라 물질세계는 인간에게 점차 자아로부터 소외감을 느끼도록 만든다며, 그 소외로부터 탈출하는 길은 혁명이라고 주장한다.

마르크스와 엥겔스는 단순히 혁명의 추상적 이론화에만 만족하지 않았다. 이론이란 사회변화를 촉진시키는 한에서만 유효하다고 생각했던 그들은 적절한 혁명의 수단과 목적을 밝히면서 저자이자 행동가로서 활동했으며, 자신들이 혁명이론의 정립을 통해 적극적으로 역사(발전)에 영향을 미친다고 믿었다.

"공산당 선언"은 공산주의 운동에 관한 정보를 확산시켜 역사에 영향을 미치려는 하나의 시도로 이해될 수 있다. 마르크스의 이론은 19세기 영국, 프랑스, 독일의 노동자들이 겪었던 역경의 맥락 속에서 이해해야 한다. 18, 19세기의 산업혁명은 영원히 지속될 것만 같았던 노동자 하층계급을 탄생시켰고, 그들 대다수는 정치적 표현의 기회를 거의 갖지 못했음은 물론, 끔찍한 노동조건 속에서 가난에 허덕였다.

"공산당 선언"은 1848년 독일에서 혁명 전야에 작성되었다. 노동자와 학생이 주도한 혁명이 실패로 돌아가자,

마르크스는 차후에 "공산당 선언"에 나타나는 주장들과 예
측의 일부를 수정하기에 이르렀으나 기본 골격이나 혁명적
어조는 그대로 남아 있었다.

 "공산당 선언"은 공산주의 운동의 바탕이 되는 이론뿐만 아니라 공산주의의 목표를 설명하려는 시도를 반영하고 있다. "공산당 선언"에 따르면 계급투쟁, 즉 한 계급의 다른 계급에 대한 착취는 모든 역사의 발전과정 배후에 놓인 동인(動因)이다. 계급관계는 한 시대의 생산수단에 의해 규정되지만 결국 이러한 생산관계는 발전과정에 있는 생산력과 더 이상 양립할 수 없는 지경에 이르게 되고, 바로 이 시점에서 하나의 혁명이 발생하며, 그로 인해 하나의 새로운 계급이 신진 지배계급으로 출현한다. 이 과정들이 대규모의 경제력들에 의해 추진되어온 '역사의 행진'을 나타낸다.

 특히 현대 산업사회는 부르주아지와 프롤레타리아트 사이의 계급 갈등이 특징이다. 그러나 자본주의의 생산력들은 빠른 속도로 이러한 착취관계와 더 이상 양립할 수 없게 된다. 따라서 결과적으로는 프롤레타리아트가 혁명을 주도하게 되겠지만, 새로운 지배계급을 위해 단순히 재산을 재배치하는 데 그쳤을 뿐인 이전의 혁명과는 분명히 다른 특성을 지닌다. 그러나 계급의 속성상 프롤레타리아트 구성원들은 재산을 독점할 수단이 전혀 없기 때문에 지배권을 장악하면 모든 사유재산권을 철폐시켜야만 할 것이고, 계급

자체는 (영원히) 소멸하게 될 것이다. "공산당 선언"은 이러한 역사 발전과정은 필연이므로 자본주의는 태생적으로 불안하고 취약하다고 주장한다. 공산주의자들은 이러한 혁명을 조장할 의도를 품고, 역사를 자연적인 귀결로 인도하는 혁명전위당의 결성과 혁명결사를 촉진시킬 것이다. 아울러 사회계급의 철폐는 단순히 정부의 개혁과 변화를 통해서는 이루어질 수 없다면서 바로 혁명이 필요하다고 역설한다.

"공산당 선언"은 네 부분으로 나뉘어져 있다. 첫째 절은 공산주의의 역사이론과 부르주아지와 프롤레타리아트의 관계를 다룬다. 둘째 절은 공산주의자와 프롤레타리아트의 관계를 논한다. 셋째 절은 다른 이전 사회주의 문헌의 결점을 지적한다. 마지막 절은 공산주의자와 다른 단체 사이의 관계를 논한다.

● **부르주아지** Bourgeoisie ┃ 현대 자본가 계급. 임금노동자들의 고용주이자 사회적 생산수단의 소유자.

● **생산수단** ┃ 물질적 생산수단(도구, 기계 등)은 물론, 노동방법(기술, 협동 형태, 노동의 분화 등)과 생산에 적용되는 지식(과학 등)을 모두 포함한다.

● **생산양식** ┃ 인민의 생활양식을 규정하는 경제사회 구조를 말하며, 생산수단과 생산관계로 나눌 수 있다.

● **프롤레타리아트** Proletariat ┃ 현대 임금노동자 계급. 생산수단을 소유하고 있지 않으므로 부득이 노동을 팔아 생존해야 한다.

● **생산관계** ┃ 일성 형태의 물질생산이 요구되는 사람들 사이에 필요한 관계. 생산수단의 분배, 소유 형태(집단적 공동 소유와 사적 소유), 상품의 분배와 밀접한 관련을 맺는다.

Section별 정리 노트

Introduction and Section 1
부르주아지와 프롤레타리아들(1)

"공산당 선언"은 "하나의 유령이 유럽에 출몰하고 있다. 공산주의라는 유령이!"라는 말로 시작된다. 대개의 경우, 공산주의 사상을 마치 악마인 양 취급한 유럽 강대국들은 공산주의에 대항하기 위해 단결했다. (이에 맞서고자) 공산주의자들은 런던에서 집회를 열어 그들의 견해와 목적, 행동성향을 분명히 피력하고 악의적으로 이식된 오해들을 몰아내기 위해 "공산당 선언"을 작성했다.

"공산당 선언"은 우선 계급적 대립관계에 관한 논점을 피력한다. 마르크스는 '이제까지 존재해 왔던 모든 사회의 역사는 계급투쟁의 역사'라고 썼다. 우리는 역사를 통해 억압자와 피억압자가 영원한 적대관계에 있다는 것을 관찰하게 된다. 이들 간의 투쟁은 때로는 잠복되어 있고, 때로는 노출되어 있다.

그러나 매번 싸움은 혁명적 사회의 (안일한) 재편성으

로 귀착되거나 어느 한 계급의 통상적인 몰락으로 끝나고
만다. 초기 역사에서는 사회가 복잡한 계급구조로 편성되어
있었다. 예를 들면, 중세시대에는 봉건영주, 가신, 길드(중
세의 상인단체나 동업조합) 장인, 직인, 도제, 농노가 있었다.
그러나 봉건제도의 몰락으로부터 비롯된 현대 부르주아 사
회는 계급적 대립관계뿐 아니라 매우 독특한 성격도 지녔다.
사회가 점차 두 개의 경쟁진영인 부르주아지와 프롤레타리
아트로 나뉨에 따라 계급적 대립관계가 단순화되었던 것.
"공산당 선언"은 현대 부르주아지가 생산양식과 교환양식
에서의 몇 차례 혁명을 통해 나타난 산물임을 밝히고 있다.
부르주아지의 발달은 초창기의 성시(城市)에서 시작되었으
며, 지리상의 탐험시대에 이르면서 원동력을 얻었다. 봉건
시대의 길드가 점점 커지는 시장을 감당하지 못하게 되자,
제조업에 종사하는 중산층이 그 자리를 차지했으나 역시
시장과 수요를 따라잡지 못하면서 증기와 기계장치에 의한
산업혁명이 탄생하기에 이른 것. 이렇듯 제조업이 '현대 산
업'에 자리를 내주면서 산업중산층은 '현대 부르주아지인
산업백만장자'들로 대체되어갔다. 이러한 발전과 더불어 현
대 부르주아지가 힘을 얻게 되고 중세 계급들은 뒷전으로
밀려났다. 하나의 계급으로서의 현대 부르주아지의 발전에
는 일련의 정치발전이 수반되었다. 그들은 현대 산업과 세
계적 규모의 시장들이 발전하면서 배타적인 정치적 지배권

을 획득했고, 국가권력은 전적으로 그들의 이익에만 봉사
하게 된 것이다.

　　역사적으로 부르주아지는 매우 혁명적인 역할을 수행
했다. 그들은 권력을 장악할 때마다 '봉건적·가부장적·전
원적인 생산관계'를 종식시켰고, 인민들을 상전에 대한 지
배예속 관계에서 벗어나게 했다. 따라서 사람과 사람 사이
는 노골적인 이익관계로만 대변될 수 있을 뿐이다. 종교적
열정, 기사도정신, 감상주의 따위는 모두 던져버렸고, 개인
의 가치는 교환가치에 의해서만 측정되며, 문서로 인증되고
정당하게 획득된 수많은 자유를 단 하나의 무자비한 상업
자유로 바꿔놓았다. 그리하여 한때는 종교적·정치적 환상
들에 가려져 보이지 않았던 착취관계가 직접적이고 야만적
이며 노골적으로 드러나기에 이르렀다. 부르주아지는 모든
직업을 임금노동직으로 변모시켰다. 심지어 이전에는 존경
을 받았던 의사, 법률가, 성직자, 학자마저도 여기에 해당되
고, 가족관계 역시 감상주의의 장막을 찢어버리고 단순한
화폐관계로 돌려놓았다.

　　과거의 산업 계급들은 생존하기 위해 구시대적 생산방
식을 지속시켜야 했다. 그러나 부르주아지는 생산수단에 끊
임없이 혁명을 일으키지 않으면 존속할 수 없다는 점에서
매우 독특하다. 이것은 생산관계를 비롯한 모든 사회관계
의 혁명적 변화를 암시한다. 따라서 인간은 현대를 특징짓

는 변혁과 동요 등으로 인해 현실적 생존조건과 진정한 인간관계에 직면하게 되었다.

부르주아지는 계속적으로 팽창하는 시장을 원하기 때문에 세계 도처에 근거지를 마련하고 연계를 갖추게 되면서 모든 나라의 생산과 소비는 범세계적인 특성을 띤다. 이처럼 국가의 주권이나 고립주의가 점차 존속할 수 없게 되는 현상은 비단 재화와 용역뿐만 아니라 지적 생산에도 적용된다. 부르주아지는 가장 미개한 국가까지도 문명국가로 탈바꿈시키고, 모든 국가에 자본주의의 생산방식을 수용하도록 강요하면서 '자신의 형상을 따라 세계를 창조하고 있다'. 모든 것이 부르주아지에게 의존하게 됨에 따라 정치적 중앙집권이 강화된다.

이처럼 부르주아지의 토대 역할을 하는 생산수단과 교류수단들은 봉건사회에서 비롯되었다. 그러나 봉건적 소유관계가 발전하는 생산력에 걸맞지 않는 단계에 이르면 생산을 저지하는 그 '족쇄'는 '파열'되어야 마땅하고, 이미 부서졌다. 그 자리에 자유경쟁이 늘어섰으며, 부르주아지는 정치적·경제적 권력층으로 부상했다.

마르크스는 유사한 동향이 지금도 진행되고 있다고 말한다. 현대 부르주아 사회는 한창 자아를 실현하는 과정인데, 현대 생산력은 현대의 생산조건에 반기를 들고 있다. 과잉생산에 따른 상업적 위기가 부르주아 사회의 존립을 위협

한다는 점은 역설적이다. 부르주아 사회가 생산력에 부담스러운 족쇄를 채우면서, 그러한 위기가 긴장국면에 접어든다. 그러나 부르주아지는 이러한 위기국면을 치유하려다가 오히려 새롭고 더욱 파급적인 위기의 출현을 초래하고 미래의 위기를 예방할 능력을 떨어뜨릴 뿐이다. 부르주아지가 봉건제를 물리칠 때 썼던 무기들이 이제는 그들을 향해 겨눠진 것이다.

"공산당 선언"은 공산주의의 관점과 목표와 취지를 공표하며 서두를 시작한다. 이처럼 이 글은 대중들에게 읽혀질 것을 염두에 두고 작성했기 때문에 이해하기가 쉽고, 또한 하나의 이론이자 정치운동으로서의 공산주의의 본질을 폭넓게 설명하고자 하는 목적성을 지녔다.

제1절에서 마르크스는 이론의 몇몇 핵심 개념을 도입해 설명하는데, 그 한 가지는 지금까지의 모든 역사가 일련의 계급투쟁의 역사였다는 주장이다. 모든 역사의 근저에는 기본적인 경제적 주제가 흐르고 있다는 것이다. 여기서 다뤄지는 가장 중요한 개념은 모든 사회는 각각 특징적인 경제구조를 지니고 있다는 점이다. 이러한 구조는 계급의 차이를 낳고, 이 계급들은 서로를 억압하거나 억압당하

면서 갈등상태에 놓이지만 그 상황은 영원하지 않다. 역사가 계속 '진행함'에 따라 결국 생산수단은 현존하는 계급구조와 양립할 수 없게 되고, 오히려 그 계급구조는 생산력의 발전에 장애를 초래하기 시작하는 시점에서 제거되어야 한다. 이 과정이 봉건체제를 무너뜨리고 일어난 부르주아지의 출현을 잘 대변하며, 궁극적인 부르주아지의 몰락도 이 경우에 해당한다. 마르크스는 모든 역사를, 변해가는 생산수단에 순응해 계급들이 다시금 공동전선을 펼치는 과정으로 이해해야 한다고 믿는다.

아마도 이러한 역사 이론에서 가장 중요한 점은 오히려 그 핵심이 외관상 중요해 보이지 않는다는 측면일 것이다. 마르크스 이론에서 역사는 경제관계에 의해서만 형성되고, 종교, 문화, 이념, 심지어 개별적 인간과 같은 요소들은 아주 사소한 역할을 한다. 달리 말하면, 역사는 비인격적인 힘들에 의해 움직이고, 역사의 일반적 진행방향은 필연적이다.

그러나 마르크스는 이러한 유형의 역사가 영원히 계속되지는 않을 것이라고 믿는다. "공산당 선언"은 나중에 현대의 계급 갈등이 최후의 것이고, 그 종말이 곧 모든 계급관계의 종식을 고할 것이라고 주장한다. 이 절은 현대 사회의 일부 특징들을 설정하면서 위와 같은 과정의 가능성을 암시하기 시작한다. 첫째, 부르주아지와 프롤레타리아트의 두 반대 계급이 나타나면서 계급 대립이 단순화되어 있다.

둘째, 예전에는 착취관계가 이념과 같은 사물 뒤에 숨겨졌지만 이제는 그 장막이 걷히고 모든 것이 이기주의란 관점에서 만천하에 드러난다. 셋째, 부르주아지는 생존하기 위해 지속적으로 생산수단을 혁신해야 한다. 바로 이러한 특성들이 사회관계를 전례 없이 불안정한 상태에 놓이게 한다.

Section 1
부르주아지와 프롤레타리아들(2)

"공산당 선언"은 부르주아지의 성격과 역사를 고찰한 후에는 프롤레타리아트로 관심을 돌린다. 부르주아지가 발전함에 따라 프롤레타리아트 역시 발전하며, 결국 부르주아지를 멸망시킬 것이다. 프롤레타리아트는 일자리를 찾을 경우에 한해서만 살아갈 수 있으며, 그들의 노동이 자본을 증식시킬 수 있는 경우에만 일자리를 찾게 된다. 그들은 하나의 상품이고, 시장의 모든 변동에 영향을 받는다. 기계의 발전과 노동의 분화로 인해 프롤레타리아트의 노동은 모든 '매력'을 잃었고, 그들은 단순히 기계의 부속품이 되고 말았다. 더욱이 프롤레타리아트의 일자리는 더더욱 희소해지고 임금은 줄어들기만 한다. 마르크스는 노동자를 병사나 노예로 묘사한다. 모든 인민들이 숙련도나 힘이 필요 없는 단순한 노동도구로 전락해 버림에 따라 연령과 성별의 구분은 점점 무의미해진다. 더구나 노동자는 착취적인 고용주로부터 임금을 받기가 무섭게 집주인, 소매상인 같은 또 다른 부르주아지에게 착취당한다.

소공업가, 소상인 같은 낮은 중류층들은 점차 프롤레타리아트로 추락한다. 이러한 현상은 그들의 자본이 부족해 대공업가들과의 경쟁에서 이길 수 없고, 새로운 생산방식으로 인해 그들의 전문기술이 쓸모없어지기 때문이다.

이어 "공산당 선언"은 프롤레타리아트의 발전 단계를 기술한다. 프롤레타리아트는 생성과 동시에 부르주아지와 투쟁하기 시작한다. 이런 투쟁은 애초에는 개별 노동자, 그 다음에는 차례로 한 공장, 한 지역의 한 부문 노동자들이 직접 착취하는 개별 부르주아에 항거하는 과정을 통해 노동자 단체와 관련을 맺는다. 그들은 중세의 노동자 신분을 복원시키고 싶어했다. 이 국면에서 노동자들은 여전히 지리멸렬했고, 지리적 관계와 상호 경쟁으로 인해 분열되어 있다. 더구나 프롤레타리아트는 대중적 결속을 이룰 때도 부르주아지의 지배에 놓여 있었고, 실질적으로는 부르주아지의 목적 달성에 기여했다.

그러나 현대 산업의 발전과 더불어 프롤레타리아트의 수가 늘어나면서 더욱 강해지고 단결되었다. 기계 장치로 인해 노동자들 간의 차이가 없어지면서 모두들 똑같이 저임금과 불확실한 생계에 시달렸다. 이 단계에서 노동자들은 "공산당 선언"의 작성에 관여하게 되는 하나의 발전과정인 노동조합과 다른 연합체들을 구성하기 시작했으며, 현대 산업사회를 가능케 한 교통수단의 발달에 힘입어 그 통합이 훨씬 수월해지면서 계급투쟁은 전국적 성격을 띠게 되었다. 한편, 프롤레타리아들을 하나의 계급, 또 정당으로 조직해내는 일은 노동자들 간의 경쟁으로 인해 계속 훼손되면서도 그때마다 다시 더욱 강하게 일어난다. 게다가 프롤레타리아트를 끌어들여 정치적 목적으로 활용하려 드는 부르주아지는 프롤레타리아트에게 부르주아지 자신에게 대항할 무기를 건네기에 이른다.

오늘날 실질적으로 부르주아지에 대항하는 유일한 혁명적 계급은 프롤레타리아트뿐이라고 마르크스는 말한다. 그 밖의 중간 계급들—예컨대, 소공업가, 소상인, 농민 등—은 모두 보수적이라 자신들의 존재 양식을 보존하려 들고, 역사의 수레바퀴를 돌리려고 애쓴다는 것. 그러나 프롤레타리아 사회 가운데에서도 낡은 사회의 생활조건들은 이미 절멸되었다. 구질서의 "법, 도덕, 종교 따위는 프롤레타리아들에게는 그 뒤에 숨겨진 부르주아지의 이해관계만큼이나 많은 부르주아적 편견일 따름이다."

역사적으로 프롤레타리아트 역시 매우 독특한 성격을 지닌다. 과거에는 한 계급이 지배권을 차지하면, 생활상의 지위를 유지하기 위해 그 사회 전체를 자신들 영리활동의 조건들 아래에 종속시키려고 했으나 프롤레타리아트는 유지하거나 팽창시킬 만한 재산이 없다. 따라서 예전의 지배자들과는 달리, (사유재산에 대한) 모든 사적 안녕과 보장들을 제거해야 한다. 또 하나의 특징은 과거의 운동은 소수의 이해관계에 따르거나 소수계층에 의해 시작되었던 반면, 프롤레타리아 운동은 거대한 다수의 이익관계에 따른 거대한 다수의 자립적 운동이라는 점이다.

프롤레타리아트의 투쟁은 1차적으로는 전국적 규모의 성격을 띤다. 마르크스는 장막에 가려진 내란의 고찰을 통해 프롤레타리아트의 발전 과정을 공공연한 혁명과 부르주아지에 대한 폭력적 전복 시점까지 면밀하게 추적한다. 이제까지 모든 사회는 계급의 압제에 토대를 두고 있었으나 하나의 계급이 지배당하려면 노예제도 따위가 확고하게 유지되고 존속되어야 한다. 그러나 현대 산업사회의 노동자들은 고통스럽게 계속 신분 하락을 겪고 점점 빠르게 가난해지므로 부르주아지는 '자신의 노예들에게 노예 상태 내부에서의 생존조차' 보장해 줄 능력이 없기 때문에 지배력을 상실하고 '부르주아지의 무덤을 파는 일꾼'들을 양산하게 된다. 따라서 부르주아지의 몰락과 프롤레타리아트의 승리는 똑같이 필연적일 수밖에 없다."

: 풀어보기

　　마르크스는 이 절의 상당 부분을 할애해 현대 노동자의 궁핍을 설명한다. 노동자들은 상품화되고 기계의 부품으로 취급되며 생산하는 한에서만 중요성을 띠지만 자기 노동의 결실들을 지배하지 못한다. 노동자의 이야기는 악명 높은 착취의 그것이며, 마르크스의 저서를 읽는 수많은 독자들에게 지금까지도 커다란 공명을 불러일으키고 있다.

　　마르크스는 프롤레타리아트가 유일한 혁명계급이란 사실도 여러 가지로 설명한다. 프롤레타리아트는 교통·통신수단의 발달과 더불어 비참한 삶의 공유를 통해 서로 연결되어 있고, 사회의 다수이면서 그 숫자는 계속 늘어가고 있다. 그러나 프롤레타리아트의 가장 중요한 특징이라면 더 이상 잃을 게 없다는 점이다. 성격상, 그들은 아무런 권력이나 봉건적 특권을 소유하지 않을 뿐더러 단지 직접 봉기해 사회제도 전체를 소멸시키기기만 하면 된다. 이렇듯 프롤레타리아트는 혁명을 거치게 되면 모든 사유재산제도를 포함해서 계급착취의 성격을 지닌 사회제도 전체를 박멸할 것이다. 마르크스는 이 같은 역사 발전단계를 최후의 단계라고 설명하고 있으나 중요한 점은 그 단계가 이전에 출현했던 모든 발전단계들 때문에 가능했다는 사실이다. 따라서 프롤레타리아트는 혁명 준비를 갖추고 있어야 한다.

Section 2
프롤레타리아들과 공산주의자들

여기서는 프롤레타리아트에 대한 공산주의자의 관계를 논한다. 공산주의자들의 직접적 목적은 프롤레타리아트를 하나의 계급으로 형성해 부르주아지의 지배를 전복시키고, 정치권력을 장악하는 일이다. 공산주의자들의 이론은 단순히 이 같은 혁명의 순간에 진행되는 역사적 운동을 묘사하는 것인데, 여기에는 사적 소유의 철폐도 포함된다.

마르크스는 공산주의자들이 노동의 결실을 통한 사유재산의 소유 '권리'를 철폐하려 들기 때문에 자본가들로부터 '비난'을 받아왔으나 노동자들은 노동을 통해 어떠한 재산도 취득하지 못하고, 오히려 그 노동은 자본을 창출해 자신들의 착취에 기여할 뿐이라고 지적한다. 이렇게 획득한 '자본'은 부르주아지에 의해 통제되기 때문에 개인적 힘이 아닌 사회적 힘을 나타낸다. 그 자본을 공동 소유로 전환하는 행위는 권리로서의 재산을 폐기시키기보다는 재산이 지닌 계급적 성격을 제거함으로써 사회적 성격을 변모시킬 뿐이다. 따라서 공산주의 사회에서는 노동이 부르주아지에 의해 통제되는 재산의 증식에 기여하지 않고 노동자들을 위해 존재할 것이다. 부르주아 사회에서는 자본은 자립적이고 인격적인 반면, 활동적인 개인은 비자립적이고 비인격적이다. 부르주아지는 공산주의의 목표인 이러한 관계의 폐지가 곧 그들의 인격과 자유를 폐지하는 것이라며 공산주의 철학을 비난한다. 마르크스는 다음과 같이 써내려간다. "그대 부르주아지들은 우리가 사적 소유를 철폐하려 한다고 겁을 먹었구나. 그러나 현존하는 이 사회에서는 9할에 해당하는 대다수 인민들의 사적 소유가 이미 제거되었으며, 9할인 그들에게 사적 소유가 존재하지 않기 때문에 (소수를 위한) 사적 소유가 존재한다." 말하자면, 부르주아지는 우리가 압도적 다수의 무소유를 필수 전제조건으로 하는 소유관계를 폐지하려 한다고 비난하는 것이다. 물론, 우리는 부르주아지의 소유를 폐지하려고 한다. 그러나 공산주의는 ㄱ 누구로부터도 노동 결과물늘을 취득할 힘을 빼앗는 것이 아니라, 다만 그러한 취득을 통해 다른 인민들의 노동을 자신에게 종속시키는 힘을 빼앗을 뿐이다.(지배종속 관계의 근절과 차단)

이어 "공산당 선언"은 공산주의에 대한 일부 반론의 예를 제시한다. 수많은 반대자들은 사적 소유가 철폐되면 어느 누구도 일하려 들지 않을 것이라고 주장한다. 그러나 이러한 논리적 주장에 따른다면, 부르주아 사회는 이미 오래 전에 게으름과 나태의 문제를 극복했어야 한다. 그러나 현실적으로는 근면한 노동자들은 아무것도 얻지 못하고, 일하지 않는 자들이 재산을 독식한다. 또 다른 반대자들은 공산주의가 모든 정신적 생산물들을 잃어버릴 것이라고 주장하지만, 그것은 부르주아지의 그릇된 이해를 반영할 뿐이다. 계급적 교양의 중지가 곧 교양 일반의 중지를 의미하는 것은 아니기 때문이다.

마르크스는 공산주의가 가족제도 철폐라는 '파렴치한' 제안을 한다는 주장에 대해 반박하고, 현대의 가족은 자본의 이익과 사적인 이윤에 토대를 두고 있다며, 공산주의자들이 어린 자식들에 대한 부모의 노동력 착취를 방지하려는 취지에서 현존 가족관계를 제거하려 했던 행위는 인정한다. 마찬가지로 교육에 대한 사회의 작용을 새롭게 발명하는 것이 아니라 그 작용의 성격을 변화시킬 뿐이며 다만 교육을 지배계급의 영향으로부터 해방시키고 싶다. 마르크스는 산업이 점차 프롤레타리아들의 가족적 유대를 훼손할수록 가족과 교육에 관한 '입에 발린' 부르주아적 상투어들은 더욱더 '역겹고' 혐오스럽다고 불평한다. 그것이 가족과 교육을 아이들을 상품이나 생산도구로 전락시키는 수단으로 만들기 때문이다.

그리고 공산주의자들은 조국과 국적을 철폐하려 한다고 비난받고 있다. 마르크스는 노동자에게는 조국이 없다며, 타인들로부터 가지고 있지도 않은 것을 빼앗을 수는 없다고 말한다. 민족적 분리나 대립은 산업화로 인해 생활관계들이 천편일률적이 되면서 점차 사라지고 있다.

종교나 철학, 이념 따위의 관점에서 제기되는 공산주의에 대한 비난은 '심각하게 논할 만한 가치가 없다'고 마르크스는 단언한다. 인간의 의식은 생활 조건, 사회적 관계, 사회생활 등에 따라 변하는 것이다. "한 시대의 통치이념은 언제나 지배계급의 이념에 불과했다." 마르크스는 역사의 영고성쇠를 겪으며 면면히 내려온 자유나 정의 같은 보편적인 진리가 있다는 주장에 대해 이런 보편성은 착취와 계급대립의 지배적인 역사를 반영하는 외관상의 모습에 불과하다고 답변한다. 공산주의 혁명은 전통적인 재산관계들과의 급진적 단절이므로 그 발전 과정에서 전통 이념들과 단절하는 것은 당연하다.

이제야 우리는 노동계급 혁명의 첫 단계는 프롤레타리아트를 지배계급으로 전환시키는 것임을 깨닫게 된다. 프롤레타리아트는 그들의 정치적 지배를 이용해서 부르주아지로부터 모든 자본을 탈취해 장악하고 모든 생산수단을 국가, 즉 지배계급으로 조직된 프롤레타리아트의 수중에 집중시킬 것이다. 물론, 이러한 과정 초기에는 불가피하게 '재산권

과 부르주아적 생산관계들에 대한 전제적인 침해 전술'이
요구된다. 혁명의 진행단계는 나라마다 다르겠지만 다음과
같은 과정들을 포함할 수도 있다. 토지소유권의 폐지, 지대
(地代)의 국가 경비 전용(轉用), 누진적인 소득중과세제도
의 수립, 상속권 폐지, 해외이주자들과 반역자들의 재산 몰
수(이로 인해 모든 인민들은 노동할 책임을 지게 된다.), 국
립은행을 통한 국가 수중으로의 신용 집중, 국가 수중으로
의 통신과 수송제도 집중, 모든 공장들의 국유화, 농업 경영
과 공업 경영의 결합, 도시와 농촌의 점진적 격차 해소, 무
상 아동교육제도의 확립 등.

계급 차이들이 사라지면 공공의 권력은 그 정치적 성
격을 잃게 된다. '정치권력이란 하나의 계급이 다른 계급을
억압하기 위해 조직화된 힘'이기 때문이다. 프롤레타리아트
가 낡은 생산관계들을 제거하면 계급대립이 존속할 수 없
게 되면서 그들 자신의 계급적 우월성도 제거될 것이다. 그
리고 부르주아 사회의 자리에는 프롤레타리아 혁명을 거쳐
각 개인의 자유로운 발전이 곧 전체 인민의 자유로운 발전
의 조건이 되는 자주적이고 평등한 '연합체'가 들어선다.

이 절에서 거론되는 마르크스의 가장 재미난 이론 하

나는 종교와 철학이념은 실질적으로 인민들의 물질적 토대
에 근거하며, 구체적인 사상은 단지 특정 생산관계의 결과
에 불과하다는 주장이다. 가장 지속력 있거나 널리 성행하
는 이념들이란 단순히 지배계층의 이익에만 부합하는 생각
들일 뿐이다. 따라서 지배계급은 사회를 구성하는 규율을
만들고, 그들의 이익에 부합하는 이념들을 옹호한다. 예를
들면, 부르주아지는 재산을 가진 사회집단에 속하기 때문
에 재산권을 찬양한다.

이 절에서 마르크스는 혁명의 성격과 본질에 대한 생
각도 전달하려고 한다. 노동자들은 지배계급이 되어가고 사
적 소유를 제거하기 위해 노력한다. 여기서 우리가 중요하
게 고려해야 할 점들은 "공산당 선언"이 단순히 역사적인
과정만을 기술하려다가 구체적인 혁명 방법과 목표를 옹호
한다는 것이다. 공산주의자들은 역사를 변하지 않는 필연이
자 모든 행동들의 귀결점이며 도덕적으로 바람직한 결과물
이라고 이해하기 때문에 새로운 문제가 제기된다. 역사 발
전과정에시 공산주의자의 역할은 과연 무엇인가? 설령 혁
명이 역사에 필연적이라고 하더라도 이런 질문을 던질 수
있다. (그대로 내버려두면 역사가 알아서 할 텐데) 도대체
어째서 "공산당 선언"이 필요하단 말인가?

끝으로 이 절은 공산주의 비판자들에 대한 마르크스의
대응 기교가 잘 나타나 있기 때문에 관심을 끈다. 마르크스

는 공산주의 비판에 대해 매우 가혹하고 냉소적인 모습을 자주 드러낸다. 그의 접근방식이 수사적으로 어떤 효과가 있는지를 검토해 보라. 그가 만약 공산주의 비판에 대해 좀 더 진지하고 사려 깊은 태도를 취했다면 더 큰 설득력을 지닐 수 있었을까? 만약 그가 대응 어조를 바꿨다면 "공산당 선언"이 과연 혁명적 특성을 유지할 수 있었을까?

Section 3
사회주의자와 공산주의자의 문헌들

　　이 절에서 마르크스는 사회주의자와 공산주의자 문헌이라는 세 개의 부분집합을 논한다. 첫 번째로 다루는 소주제는 반동적(또는 복고적) 사회주의다. 반동적 사회주의자에 포함되는 봉건적 사회주의자들, 쁘띠 부르주아 사회주의자들, 독일(또는 '진정한') 사회주의자들은 부르주아지가 의미하는 역사 발전과정을 전혀 깨닫지 못한 채로 그저 모두들 부르주아지와 현대 산업의 발흥에 대항해 투쟁할 뿐이다. 당시 프랑스나 영국의 귀족이던 봉건적 사회주의자들은 현대 부르주아 사회에 반하는 글을 썼으나 주된 불만은 부르주아지의 출현으로 생성된 혁명적 무산계급인 프롤레타리아트가 구질서를 뿌리째 뽑아버릴 것이란 점이었다. 따라서 부르주아지가 그네들의 생활방식에 방해가 되었기 때문에 반대했을 뿐이다. 쁘띠 부르주아 사회주의자들은 자신들이 끝내는 당시의 독립적 지위를 잃고 프롤레타리아트의 일부로 전락해 버릴 것이라고 믿는 또 하나의 색다른 계급이었다. 마르크스는 쁘띠 부르주아 사회주의자들의 출판물들이 나름대로는 현대적 생산조건들의 모순을 성공적으로 보여주었다고 인정한다. 그러나 그들이 이런 모순적인 제도에 대해 제안한 대안들은 고작 구시대의 생산수단과 교환수단을 복원시키거나 현대적 생산수단을 구시대적 재산관계들의 기본 틀에 밀어 넣는 것으로, '복고적이고 공상적'이기 때문에 역사적 사실들을 받아들이지 못하고 있다. 다음으로 독일 사회주의, 이른바 '진정한' 사회주의 사상가들은 일부 프랑스 사회주의나 공산주의 이념들을 채택했으나 당시의 독일이 프랑스와 유사한 사회 조건을 갖추지 못했다는 점을 미처 깨닫지 못했다. 프랑스 사회주의 이념들은 독일 사상가들의 숙고를 거쳐 모든 현실적 의미를 잃은 채 허울만 남게 되었다. 상기의 사회주의자들은 부상하는 현대 부르주아지에 대항하고자 귀족제와 봉건제를 옹호했으나 아쉽게도 현대 부르주아지의 발흥이 필연적인 역사적 단계였음을 망각했던 것이다. '진정한' 사회주의는 쁘띠 부르주아지의 이익과 현재의 지위를 옹호하면서도 계급투쟁을 부인하기까지 한다. 마르크스는 당시 독일에서 유행하던 소위 공산주의와 사회주의 문헌들 모두가 사실상 이러한 성격—공상적·비과학적 성격—을 띠고 있었다고 지적한다.

두 번째 소주제는 보수주의적, 또는 부르주아 사회주의다. 이 절은 부르주아 사회의 존속을 위해 사회적 불평불만들을 시정하려는 일부 부르주아지의 열망을 주로 다룬다. 이러한 생각은 경제학자, 박애주의자, 인도주의자, 노동계급의 생활조건을 점진적으로 개선하려는 자, 조직적인 자선운동가, 동물학대 방지협회 회원, 열혈 금주운동가, 그리고 방방곡곡 모든 부류의 개혁자들이 지지했다. 그들은 사회적 조건들의 유리한 측면들이 필연적으로 수반되는 투쟁이나 위험요소들 없이도 산업현대화에 의해 창출되기를 원한다. "그들은 또한 프롤레타리아트 없는 부르주아 사회를 갈망한다." 그리고 최선의 사회란 바로 자기들이 권력을 지배하고 소유하는 사회라고 믿고, 프롤레타리아트가 그저 나약한 소극적 역할을 유지하면서 지배층인 부르주아지를 증오하지 않기를 바랄 뿐이다. 이러한 두 번째 형태의 사회주의는 오직 경제적 관계에서의 변화만이 프롤레타리아트를 도울 수 있다고 인식한다. 그러나 그 지지자들은 그러한 경제직 변화기 필연적으로 생산관계의 파멸을 수반한다는 점을 인정하려 들지 않고, 행정적 개혁을 통해 단순히 부르주아 정부를 위한 행정노동의 비용과 양을 축소시키기만 바란다.

세 번째 소주제는 비판적·유토피아적 사회주의와 공산주의다. 이 주제는 프롤레타리아트가 자신들의 목표를 달성하려는 최초의 시도들로부터 비롯된다. 그러한 시도들은

반동적이고, 프롤레타리아트는 아직 해방을 위한 성숙단계
와 경제조건들에 이르지 못했다. 따라서 이러한 사회주의
자들은 프롤레타리아트 해방에 필요한 물질적 사회조건들
을 창출하기 위한 새로운 사회적 법률들을 모색했다. 그들
의 저작은 현존 사회의 모든 원칙들을 조목조목 비판해 노
동계급을 계몽시키는 데 매우 유용하기 때문에 중요하지만
유토피아적 성격을 지닌다. 비록 그들의 견해가 사회를 재
건하려는 노동자 계급의 참된 '열망'을 반영했지만, 궁극적
으로는 실천적 행동에 아무런 근거를 제공하지 못하는 '공
상적인' 견해에 불과했다. 따라서 '비판적·유토피아적 사
회주의'는 현대적 계급투쟁이 가시화됨에 따라 점차 그 중
요성을 잃어가고, 실천적 의미를 결여한 '망상적이고 근거
없는' 공격과 비판은 이론적 정당성을 잃는다. 그러한 이론
적 기초자들은 여러 면에서 혁명가인 반면, 그 지지자들은
단순히 반동적 복고주의자들로서 프롤레타리아트의 정치
적 행동을 반대한다.

이 절은 주로 다른 사회주의 사상가들에 대한 검토와
고찰이다. 마르크스는 위 이론들이 하나같이 공산주의 이
론의 핵심 구성요소를 놓치거나 결여하고 있기 때문에 실

패할 수밖에 없다고 주장한다. 반동주의자들은 부르주아지의 발흥의 필연성과 프롤레타리아트에 의한 그들의 필연적 몰락을 깨닫지 못하고, 보수적 사회주의자들 역시 계급대립과 부르주아지 몰락의 필연성을 간과한다. 비판적·유토피아적 사회주의자들은 사회 변화가 순전한 몽상이나 말이 아니라 실천적 혁명 속에서 태동되어야 한다는 것을 이해하지 못한다.

오늘날 독자들에게 이 절에서 나타나는 마르크스의 논의는 아마도 가장 심사숙고할 만한 가치가 있을 것이다. 마르크스가 비난하는 보수적 사회주의는 정확히 미국 같은 나라들이 노동자들의 궁핍에 대해 취하는 태도다. 복지제도, 사회보장제도(실업보험, 사회의료보장, 양로연금 따위), 최저임금제는 프롤레타리아트의 상황을 윤택하게 함으로써 자본주의체제를 유지하고 존속시키려는 국가적 시도라며, 마르크스는 굳이 언급하려 들지 않았다. 그렇다면 마르크스의 비판이 설득력을 가졌는지 검토해 보아야 한다. 기본적으로 마르크스는 이러한 '개혁조치'들이 프롤레타리아트를 달래 사회적 역할을 받아들이도록 하기 위한 것이자 실제로는 부르주아지의 이익에 맞춰 행해진다고 보는 것 같고, 이 같은 형태의 사회주의는 오도된 것으로 프롤레타리아트의 불만을 처리할 수 있는 유일한 방법은 경제적·사회적 관계의 재정립뿐이라고 주장한다. 이것은 하나의 혁명행위이고, 보수적 사회주의자들이 제안한 개혁조치들은 일시적 완화책에 불과하다. 도대체 어떻게 마르크스의 비판이 '보수적 사회주의' 정강을 제도화시킨 국가들—예컨대, 미국이나 서유럽—에 적용될 수 있겠는가? 과연 마르크스의 주장대로 이러한 개혁조치들은 노동자들이 아니라 지배적 자본가 계급의 이익에 부합하는 것인가? 현재의 상황에 근거해 '보수적 사회주의'가 성행하는 현상을 감안한다면, 역사적 증거는 아직도 프롤레타리아 혁명이 불가피하다는 마르크스의 주장을 뒷받침하는 것일까? 또한 그것은 프롤레타리아 혁명의 바람직성을 논리적으로 지탱해 주는 것일까?

Section 4
다양한 현존 반대세력들과 관련한 공산주의자들의 입장

"공산당 선언"은 다른 정당들과 협력하는 과정에서 공산주의자들의 진정한 역할이 무엇인지를 밝히면서 결론에 도달한다. 공산주의자들은 직접적인 노동자들의 목표를 위해 투쟁하지만, 항상 전체 공산주의 운동의 맥락 속에서 행동한다. 따라서 공산주의자들은 공산주의의 목표에 기여한다면 다른 정당들, 심지어는 부르주아지와 연루된다고 하더라도 기꺼이 협력한다. 그러나 그들은 계속해서 노동자 계급의 정신 속에 부르주아지와 프롤레타리아트 간의 반감에 대한 각성을 불어넣고, 종국에는 프롤레타리아트가 부르주아지를 전복시킬 무기들을 획득케 하려고 한다.

이런 식으로 "공산주의자들은 세계 어디서나 현존하는 사회적·정치적 질서에 항거하는 모든 혁명운동을 지지한다." 그들은 공공연히 자기들의 목적은 모든 현존 사회 질서를 강력하게 전복시킴으로써만 달성될 수 있을 뿐이라고 선언한다. "공산당 선언"의 대단원의 결미는 집회를 통한 집단 성토다.

(우리의) 공산주의 혁명에 대해 지배 계급들이 전율하도록 하라.

프롤레타리아 노동자 무산 계급이 잃을 것이라고는 단지 구속의 사슬뿐, 더 이상 아무것도 없다. 프롤레타리아트는 세계를 얻게 되리라.

만국의 노동자들이여, 단결하라!

마지막 절은 공산주의자들의 정치적 의제들을 여실히 드러낸다. 그들의 최종목표는 항상 프롤레타리아 혁명, 사적 소유의 폐지, 계급투쟁이다. 그러나 역사는 필연적으로 일정 단계를 거쳐야 한다고 믿는 그들은 역사가 때로는 부르주아지를 지지하기도 하지만 궁극적으로는 노동자의 혁명을 가능케 하기 위한 것이라고 한다. 강력한 이론적 기반을 지닌 공산주의자들은 관찰과 예측을 통합하는 한편, 그 예측들을 강력히 옹호하기도 하고 나아가서는 혁명 실현을 가속화시키려고 한다. 따라서 그들은 단순히 노동자들이 언

젠가 단결하리라고 선언하는 것이 아니라 노동자들에게 자유와 좀더 나은 세계를 약속하며 단결을 촉구하는 것이다. 공산주의자들의 그러한 정치적·이론적 호소들을 어떻게 분리할 수 있을까? 공산주의자들의 역사이론이 과연 혁명적 취지의 필수사항일까? 수사학적 관점에서 바라볼 때, 혁명 불가피론이 공산주의자의 대의명분에 도움이 될지 손해가 될지 생각해 보자.

다음 질문에 대해 간단히 서술하시오.(―부분은 참고만 할 것)

1. "공산당 선언"의 대상 청중들은 누구인가? 하나의 문헌으로서의 "공산당 선언"이 갖는 구체적 목표는 무엇인가?

2. 노동자들의 삶의 질을 향상시키는 정치개혁을 통해서도 계급대립을 제거할 수 없는 이유는 무엇인가? "공산당 선언"은 그러한 개혁자들에게 어떻게 답변하는가?

    ― 정치개혁은 계급대립을 제거하지 못한다. 그 대립들이 사회의 기본구조에 기인하기 때문. 계급은 생산수단의 파생물이고, 어떤 사람에게 타인을 착취할 힘을 주는 것은 바로 이 경제구조다. 이 구조가 존재하는 한, 지배 계급과 착취당하는 계급이 있게 마련이다. 개혁은 피착취 계급의 생활수준을 개선할 수 있을지는 모르겠지만, 그들이 사회적으로 무력하다는 사실을 바꿀 수는 없다. 마르크스는 그러한 개혁의 옹호자들을 보수적 사회주의자라고 지칭한다. 그들은 계급투쟁이 역사의 본질이자 자본주의 체제에서는 불가피하다는 사실을 깨닫지 못하는 잘못을 저지르고 있다. 그들은 부르주아의 이익을 대표한다. 프롤레타리아트의 혁명 역량을 꺾음으로써 부르주아지의 지배권을 보존하려 들기 때문이다. 그러나 이들 보수적 사회주의자들은 결국 실패할 것이다. 혁

명은 역사의 불가피한 단계이고, 프롤레타리아트는 항상 혁명 계급이기 때문이다.

3. **프롤레타리아트가 과거의 혁명적 계급들과 다른 점은 무엇인가?**

— 프롤레타리아트는 여러 점에서 독특한 계급이다. 첫째, 그들이 당하는 착취는 이전의 다른 계급들에 비해 더욱 명백하다. 과거에는 계급관계가 종교와 감상적인 생각에 가려져 있었다. 사람들은 그들의 관계가 근본적으로는 사실상 경제적·착취적이란 것을 깨닫지 못했다. 전적으로 이기주의와 돈이란 이상에 바탕을 둔 자본주의는 이러한 착취를 드러낸다. 따라서 프롤레타리아트는 특이하게도 착취당하는 사람으로서의 자기 지위를 인식하고 있다. 둘째, 프롤레타리아트는 이전의 그 어떤 혁명 계급보다 서로 잘 연결되어 있다. 자본주의의 기술 발전이 가져온 진보된 통신과 프롤레타리아트들 모두가 똑같이 비참한 생활을 하고 있기 때문이다. 또한 그들은 사회의 다수지만 이전의 혁명 계급은 전통적으로 소수였다. 끝으로 그들은 역사적 역할이 독특하다. 하나의 계급으로서 그들의 목적을 진전시키려면 계급 착취의 전체 체계를 파괴해야 한다. 따라서 그들의 혁명으로 모든 사적 소유가 말살되고 계급이 사라진다.

그렇다면 프롤레타리아트에 대한 가장 심각한 의문은 혁명을 하는 이유일 것이다. 마르크스는 혁명을 착취당하는 사람들의 자발적 봉기라고 믿고, 프롤레타리아트가 현 체제를 전복하려는 이유와 심지어는 혁명이 성공할 경우 어째서 사적 소유를 말살하려고 하는지를 그럴 듯하게 보여준다. 다소 불명확한 부분은 원래 혁명의 동인(動因)이 무엇이냐 하는 것이다. 거기에는 역사적인 힘과 개인적 행위 사이에 받아들이기 힘든 비약이 있다. 프롤레타리아트는 상황이 너무 절박

하기 때문에 매우 특이하다. 마르크스가 억압받는 사람들을 움직이게 하기보다는 패배를 안겨줄 상황의 힘을 과소평가하고 있는 것은 아닌지 고려해 보아야겠다.

4. **"공산당 선언"은 사적 소유의 폐지는 곧 재산권의 침해라고 주장하는 사람들에게 어떻게 답변하는가? 그리고 권리의 실효성에 대해 일반적으로 어떤 해법을 제시하는가?**

— 마르크스는 부르주아지가 지키려고 하는 사적 소유가 실제로는 부르주아 재산권이라고 주장한다. 오직 부르주아지만이 재산을 소유한다는 사실에서 볼 수 있듯 자신들의 이익을 보호한다는 것이다. 마르크스는 더 나아가 재산 자체는 사회적 상품이란 주장도 펼친다. 사회의 구조 때문에 그것은 사람들에게 속한다는 것. 따라서 사유재산을 공동재산으로 바꾸는 것은 실제로는 재산의 사회적 성격을 바꾸는 것에 불과하다고 한다. 그것은 개인적인 자격을 침해하는 것이 아니다. 재산에 대한 이 같은 주장은 법, 철학, 종교뿐만 아니라 다른 권리들에 대한 마르크스의 주장과 비슷하다. 이 견해들은 모든 사회적 상황 전반에서 타당한 보편적 진리를 반영하지 않고, 모두가 지배 계급의 이익을 보호하는 방법이다. 예를 들면, 부르주아지는 재산을 소유하고 있기 때문에 그것을 권리로 만든다. 이 같은 견해의 일부는 오랜 시간을 견뎌냈으므로 정말 보편적이라고 믿을지도 모르지만, 그보다는 역사를 통틀어 착취가 지속되어 왔다는 이유만으로 그만큼 같이 존재했다는 쪽이 맞을 듯하다. 착취의 종말과 함께 현대 사회에서 신봉하는 많은 이상적 목표들도 급진적으로 바뀔 것이다.

5. **공산주의자들이 프롤레타리아 혁명이 필연적이라고 믿으면서도 노**

동자혁명을 요구하는 것이 필요하다고 생각하는 이유는 무엇인가?

6.   마르크스의 이론에 따르면, 현대 산업사회는 얼마만큼 자멸적인가?
      마르크스가 현대 사회의 종말이 곧 모든 계급적 대립관계의 소멸이
      라고 믿는 이유는 무엇인가?

7.   마르크스의 역사이론은 무엇인가? 이 이론을 활용해 봉건시대의
      몰락을 설명하라. 이 이론이 갖는 장단점은 무엇인가?

8.   마르크스의 예언에도 불구하고 공산주의는 산업사회로부터 출현해
      지배적인 사회제도가 되지 못했다. 이러한 사실이 마르크스의 이론
      을 반증하기에 충분한가? 마르크스가 자기 이론의 일반적 구조를
      유지하면서 어떤 식으로 위 사실을 설명하는지 검토해 보라.

9.   마르크스가 그려나가는 공산주의 사회의 진면목을 밝혀내기는 매
      우 어려울 수 있다. 이러한 미래 사회의 전망에 대해 "공산당 선언"
      은 어떤 암시를 하는가? 이렇게 전망된 사회는 나중에 생겨나는 '공
      산주의' 사회(예를 들면, 소련)와 어떻게 비교되는가?

다음 질문에 알맞은 답을 고르시오.

1. **마르크스에 따르면, 당시까지의 모든 사회의 역사는 어떤 역사인가?**
   A. 다윈의 적자생존
   B. 계급투쟁
   C. 지식 엘리트
   D. 야만적 침략행위들에 의해 강조된 전체적 조화

2. **마르크스에 의하면 현대와 과거의 부르주아 사회가 지닌 차이점 하나는 무엇인가?**
   A. 현대 사회에는 계급불화가 있지만, 과거에는 다른 계급들끼리 조화롭게 살았다.
   B. 현대 사회는 과거보다 계급이 더욱 복잡하다.
   C. 현대 사회의 계급대립은 두 개의 주요 경쟁계급 사이의 투쟁으로 단순화되었다.
   D. 실질적인 차이가 전혀 없다.

3. **다음 특징들 가운데 현대 부르주아 사회의 특질은 무엇인가?**
   A. 착취적인 계급관계는 더 이상 감춰져 있지 않다.
   B. 착취적인 계급관계는 종교적 환상에 의해 감춰져 있다.
   C. 착취적인 계급관계는 말살되었다.
   D. 해당사항 없음

4. **'반동적 사회주의'의 실책은 무엇인가?**
   A. 보다 광범위한 역사 진행의 맥락에 대한 이해 없이 부르주아지의 역사적인 발전에 반 대했다.
   B. 부르주아지의 발전적인 힘을 지지했다.

C. 지배 계급이 아닌 노동 계급의 이익을 대표했다.

D. 전부

5. 보수적 사회주의는 프롤레타리아트의 고통을 누그러뜨려 사회적인 불만의 원인을 없앴다. 그들의 암묵적인 목표는?

A. 프롤레타리아트의 폭력적 봉기를 돕는 것

B. 폭력적인 혁명 없이 현대 부르주아 사회를 말살하는 것

C. 봉건적 사회체제로 돌아가는 것

D. 부르주아 사회의 존속을 확보하는 것

6. 마르크스에 따르면, 힘을 사용하지 않고도 공산주의의 목적을 달성할 수 있는가?

A. 국가가 노동자 친화적인 개혁을 한다면 가능하다.

B. 충분한 수의 사람들이 유토피아적인 사회주의 공동체에 합류하면 가능하다.

C. 노동자들이 정부에서 동등한 정치적 대표권을 받으면 가능하다.

D. 그렇지 않고, 오직 힘으로만 목적을 달성할 수 있다.

7. 마르크스에게 가장 커다란 지적 영향을 미친 사상가는 누구인가?

A. 존 스튜어트 밀

B. 아리스토텔레스

C. G. W. F. 헤겔

D. 블라디미르 레닌

8. 공산주의자들의 당면 목표는 무엇인가?

A. 프롤레타리아트를 지배 계급으로 통합하는 것

B. 부르주아지의 지배권을 전복시키는 것

C. 프롤레타리아트가 정치력을 장악하는 것

D. 전부

9.   공산주의의 의제에 대한 공통적인 반대 사항으로 제시되는 것은?

A. 사적 소유가 폐지되면 일할 사람이 없다.

B. 가족이 파괴된다.

C. 공산주의가 재산권을 침해한다.

D. 전부

10.   "공산당 선언"은 몇 세기에 출간되었는가?

A. 19세기

B. 17세기

C. 20세기

D. 18세기

11.   마르크스와 함께 "공산당 선언"을 집필한 사람은 누구인가?

A. 블라디미르 레닌

B. 프리드리히 엥겔스

C. 조셉 스탈린

D. 존 스튜어트 밀

12.   노동자 계급 혁명의 첫 단계는 무엇인가?

A. 프롤레타리아트를 지배 계급의 지위로 부상시키는 것

B. 계급 개념을 모두 말살하는 것

C. 프롤레타리아트의 영구독재를 창조하는 것

D. 해당사항 없음

13.   프롤레타리아 혁명의 초기 단계에서 있을 법한 발전으로 암시되지 않는 것은?

A. 모든 상속권의 폐지

B. 통신과 교통수단의 국가 중앙집권화

C. 어린이에 대한 무상교육 수립

D. 도시와 시골의 차별 증대

14. **공산주의자들이 공동 전선을 펼치겠다고 말한 정당은?**

A. 공산주의의 목표 추구를 촉진시킬 정당들

B. 부르주아지에 반대하는 모든 당

C. 노동자 친화적 개혁을 촉진하는 정당들

D. 전부

15. **프롤레타리아트의 특징이 아닌 것은?**

A. 현대의 임금노동자 계급이다.

B. 그들 자신의 생산수단이 없다.

C. 인구의 소수에 불과하다.

D. 생존하기 위해 노동을 팔아야 한다.

16. **'생산수단'의 구성요소는?**

A. 생산도구들(공구, 기계 등)

B. 노동방식(기술, 협업 형태, 노동 분담 등)

C. 응용지식(과학 등)

D. 전부

17. **인간의 이념을 바꾸는 주요 근거는 무엇인가?**

A. 적자생존

B. 인간의 물질적 상황

C. 이성(理性)을 향한 진보

D. 해당사항 없음

18. **현대 산업사회가 대체한 체제는?**

A. 봉건주의

B. 자본주의

C. 이상주의

D. 해당사항 없음

19. 프롤레타리아트가 혁명으로 잃게 되는 것은?

A. 재산

B. 계급 우위

C. 그들의 노동에 대한 지배력

D. 없음

20. '생산방식'을 구성하는 요소가 아닌 것은?

A. 생산수단

B. 생산관계

C. 불가피한 계급대립

D. 해당사항 없음

21. 역사를 지배한 투쟁들에 대해 올바른 진술은?

A. 계급대립을 반영한다.

B. 때때로 감춰져 있기도 하고, 보이기도 한다.

C. 사회의 재편이나 완전 파멸로 끝난다.

D. 전부

22. 현대 국가는 누구의 이익에 봉사하는가?

A. 프롤레타리아트

B. 귀족

C. 부르주아지

D. 전부

23. 현대 사회에서는 누가 생산수단을 소유하는가?

A. 부르주아지

B. 프롤레타리아트

C. 군대

D. 국가

24. 노동자들의 혁명이 끝나면 누가 재산을 소유하는가?

A. 프롤레타리아트

B. 부르주아지

C. 귀족

D. 공동으로

25. 다음 중 부르주아지의 특징이 아닌 것은?

A. 임금노동자의 고용주들이다.

B. 생산수단의 소유자들이다.

C. 현대의 자본가 계급이다.

D. 봉건시대에는 지배 계급이었다.

정답 |

1. B   2. C   3. A   4. A   5. D   6. D   7. C   8. D   9. D   10. A

11. B   12. A   13. D   14. A   15. C   16. D   17. B   18. A   19. D   20. C

21. D   22. C   23. A   24. D   25. D

一以貫之 논술노트

"공산당 선언"에서 무엇을 배울 것인가? ○

실전 연습문제 ○

一以貫之는 '논어'에 나오는 말로 '모든 것을 하나의 이치로 꿴다'는 뜻입니다.

논술의 주제와 문제 유형, 제시문들은 참으로 다양하고 가지각색입니다. 그러나 그 모든 것을 하나로 꿸 수 있습니다. '인간사회의 보편적 문제들에 대한 근원적인 물음에 답하는 자기 나름의 견해'라는 것이지요. 논술은 인간이면 누구나 부닥치는 개인적 또는 사회적 문제들에 대한 자기 나름의 고민이자 성찰입니다. 논술은 자기견해, 자기 가치관, 자기 삶에 대한 솔직한 고백입니다.

一以貫之 논술연구모임은 '자신의 물음'과 '자신의 생각'을 갖고 '자신의 글'을 쓸 수 있도록 도와줍니다.

〈집필진〉
이호곤, 김재년, 우한기, 박규현, 김법성, 김병학, 도승활, 백일, 우효기, 조형진

"공산당 선언"에서 무엇을 배울 것인가?

▎ 들어가며

"마르크스가 옳다." "아니다. 마르크스가 틀렸다." 마르크스의 사상만큼 논란이 많고 시비가 많은 사상도 흔치 않다. "공산당 선언"은 마르크스가 이처럼 논란 많은 그의 사상을 기초로 1847년 12월부터 1848년 1월 사이에 엥겔스와 함께 국제적인 노동자비밀단체 '공산주의자동맹'의 이론적·실천적 강령으로 쓴 글이다. 도대체 "공산당 선언"에 나타난 마르크스의 문제의식은 무엇이고 어떤 의미가 있기에 한 노동자 단체의 정치선언에 지나지 않는 이 문건이 오늘날까지도 여전히 우리가 읽어야 할 고전의 반열에 올라 있는 것일까?

그것은 여타의 고전과 마찬가지로 "공산당 선언"의 문제의식이 오늘날 우리 사회와 우리들의 삶에 피할 수 없는 물음이자, 그 물음에 접근해가는 그의 방법과 태도에서 여전히 배울 점이 있기 때문이다. 고전을 읽을 때, 우리는 그 필자가 살던 시대가 어떤 시대였고, 그는 주로 무엇을 고민했는지 반드시 물어야 한다. 어떤 고전에서 필자가 고민하고 문제 삼는 주제와 동떨어진 것을 놓고 그를 비판한다면 "당신은 왜 이런 주제로 고민합니까. 다른 주제로 고민해야지"라고 강요하는 것과 마찬가지고, 마치 성경이나 불경, 또는 도스토예프스키의 소설을 읽으면서 사회체제를 고민하지 않는다고 비판하는 것과 다름이 없다. 물론, 개인의 근본적인 삶의 태도와 자세가 어떠해야 하는가의 문제나 인간의 영혼 속에 나타나는 모든 욕망과 선악의 본질에 대한 탐구 등도 사회체제와 무관하지는 않지만 필자의 주요 관심사는 제쳐두고 다른 주제를 끌어들여 비판한다면 아마 그 고전으로부터 어떤 것도 배우기 힘들 것이다.

자본주의 체제 그 자체를 문제 삼다

"공산당 선언"을 읽어보면 마르크스가 주로 문제 삼는 것이 자본주의 경제체제 또는 자본주의적 생산양식, 이 경제체제 내에서 일어나는 계급 간의 투쟁과 정치적 역학관계, 그리고 이 모든 것들의 역사적 운명이란 점을 알 수 있다. 쉽게 말하자면, "공산당 선언"은 오늘날 우리가 일상적으로 먹고사는 문제를 주로 해결하는 방식, 즉 이 사회의 가장 중요한 경제적 운영원리나 구조가 자본주의이고, 자본주의 사회가 비록 이전 시대보다 물질적으로 진보했지만 여전히 비인간적인 착취와 차별, 억압이 존재한다는 점을 폭로하고, 이 같은 사회가 어떤 원리로 운영되고 어떻게 성장하는지, 어떤 문제를 발생시키고 결국 어떻게 해체될 것인지를 그리고 있다.

위에서 우리가 본 바와 같이, 부르주아지를 형성시킨 토대인 생산수단과 교환수단은 봉건사회 안에서 생겨난 것이다. 이 생산수단과 교환수단이 일정한 발전단계에 이르자, 봉건사회에서 통용되던 생산과 교환관계, 농업과 공업의 봉건적 조직, 한마디로 봉건적 소유관계는 발전한 생산력에 이미 맞지 않게 되었다. 그것은 생산을 촉진하기는커녕 방해했으며, 따라서 그만큼 생산에 질곡으로 바뀌어버렸다. 그것은 분쇄되어야 했으며, 분쇄되고 말았다.

그 자리를 대신한 것은 자유경쟁과 그에 상응하는 사회·정치제도, 즉 부르주아 계급의 경제·정치적 지배였다.

이와 비슷한 움직임이 우리 눈앞에서 진행되고 있다. 부르주아적 생산관계와 교환관계, 소유관계, 마치 마술이나 부린 듯 그렇게도 강력한 생산수단과 교환수단을 만들어낸 현대 부르주아 사회는 자기가 주문으로 불러낸 저승사자의 힘을 더 이상 감당할 수 없게 된 마술사와도 같다. 지난 수십 년 동안의 공업과 상업의 역사는 현대의 생산관계에 대한, 즉 부르주아지의 존립과 그 지배조건인 현대의 소유관계에 대한 현대 생산력의 반항의 역사에 지나지 않는다. 이에 대해서는 주기적으로 되풀이되면서 부르주아 사회 전체의 존립을 더욱더 위협하고 있는 상업 공황을 언급하는 것만으로도 충분하다. 상업 공황이 일어날 경우, 제조된 생산물뿐만 아니라 이미 이룩된 생산력의 상당 부분도 규칙적으로 파괴된다. 공황 때는 일종의 사회적 전염병—과거의 모든 시대에는 터무니없는 일로만 보였을 과잉 생산이라는 전염병—이 널리 퍼지게 된다. 사회는 잠시 야만 상태로 후퇴하여 마치 기근과 전면적인 파괴전이 모든 생활수단을 쓸어간 것처럼 보이며, 공업과 상업이 전멸될 것같이 보인다. 그것은 무슨 까닭인가? 그것은 사회가 너무나 큰 문명을 가졌고 생활수단이 너무나 많으며, 너무나 큰 공업과 상업을 가졌기 때문이다. 이제 사회가 가진 생산력은 이미 부르주아적 문명과 소유관계가 발전하는 데 봉사하지 않는다. 오히려 그것은 이러한 소유관계에 비하면 너무 방대해져서 부르주아적 소유관계가 생산력의 발전을 억제하게 된다. 그리고 생산력이 이 질곡을 극복하기 시작하면 그것은 부르주아 사회 전체를 혼란 상태에 빠뜨리며 부르주아적 소유의 존립을 위태롭게 한다. 부르주아적 관계는 자신이 만들어낸 부를 포용하기에는 너무도 협소해진 것이다. 부르주아지는 어떠한 방법으로 이 공황을 극복하는가? 한편으로는 거대한 생산력을 어쩔 수 없이 파괴하고, 다른 한편으로는 시장을 새로이 넓히면서 기존 시장을 더욱더 철저히 착취하는 방법을 쓴다. 그러면 결국 어떻게 되는가? 더욱더 광범위하고 파괴적인 공황을 준비하게 되며, 공황을 예방할 수단도 줄어들게 된다.

부르주아지가 봉건제도를 무너뜨릴 때 사용한 무기가 이제는 부르주아지 자신에게 겨누어진다.

그러나 부르주아지는 자신에게 죽음을 가져올 무기를 발전시켰을 뿐만 아니라 이 무기를 자신에게 겨눌 사람들, 즉 프롤레타리아트라는 현대의 노동자들도 만들어냈다.(제1절)

마르크스는 왜 자본주의 체제 자체를 문제 삼고 있는 것일까? 그가 볼 때 자본주의 체제는 노동자들에 대한 비인간적인 계급착취에 기반하고 있기 때문이다. 그가 "공산당 선언"을 집필할 당시의 유럽 사회는 각국마다 시차와 양상에 다소 차이는 있었지만 산업혁명이 가져온 물질적 생산력이 부르주아지에게 집중되면서 도시화와 양극화가 극단적인 모습으로 진행되고 있었다. 1830년 영국 하원에 설치된 아동 노동의 실태조사를 위한 위원회가 작성한 보고서의 일부를 보자.

Q: 호황기에는 소녀들이 아침 몇 시에 공장에 갔는가?
A: 호황기는 6주간인데, 새벽 3시에 공장에 가서 일을 끝내

는 것은 밤 10시에서 10시 반 사이였습니다.

Q: 19시간이나 일하는 사이에 휴식 시간은 얼마나 주어졌는가?

A: 아침 식사 15분, 점심 30분, 음료수를 마시는 시간 15분입니다.

Q: 아이들이 지각하면 어떻게 되는가?

A: 5분만 지각하면 쿼터를 당합니다.

Q: 쿼터란 무엇인가?

A: 임금의 4분의 1을 깎는 것입니다.

산업혁명 당시 어린 노동자들은 하루 12시간 이상 일했기 때문에 발육이 늦거나 기형이 되는 경우가 있었다. 부녀자와 아동 노동의 비참한 상황은 노동력의 재생산을 위태롭게 할 정도였다. 1833년 공장법이 제정되어 노동자에 대한 최소한의 보호대책이 마련되었으나 1845년 엥겔스가 "영국 노동자 계급의 상태"에서 묘사한 당시 노동자들의 비참한 생활상을 보면 상황은 크게 나아지지 않았다.

"주로 대도시에 거주하는 노동자 계급은 아무런 재산도 없이 전적으로 임금에 의지해서 하루하루를 연명한다. 그들은 무계획적으로 세워져 통풍이 되지 않고 습하며 불결해서 온갖 질병을 유발하는 비좁은 집(그래봐야 방 하나 또는 둘)에서 생활한다. 노동자들의 옷은 단벌 누더기다. 그들은 먹기에 매우 부적합한 음식을 먹고 그나마도 양이 부족하여 심지어 굶어죽기까지 한다. 그들의 신체는 대부분 허약하고 야위었으며, 이렇게 약해진 신체는 질병이 닥칠 때마다 항상 거르지 않는다. 혹독한 조건 속에서 과로에 시달리는 노동자들은 40세에 이미 '늙은이'로 불린다. 이러한 상황 속에서 노동자들은 그들에게 허용된 단 두 가지 쾌락인 폭음과 성적 탐닉에 빠져들어 도덕적으로 타락한다. 한마디로 19세기 중엽 영국 노동자 계급은 목숨을 부지하는 것조차 버거운, 인간성과 존엄성을 완전히 박탈당한 야만적인 상황에 처해 있었다."

마르크스와 엥겔스는 노동자들의 비참한 처지가 개인의 연약함이나 이기심 같은 것에 기인하기보다는 자본주의적 생산양식의 발전에 따라 생겨나는 필연적 현상이라고 강조하고 있다.

"공산당 선언"의 공동기초자인 마르크스와 엥겔스가 살았던 당시의 유럽과 오늘날은 여러 가지 상황이 다르다. 노동자들은 정치적·경제적 무권리 상태에서 벗어나 노동조합과 정당을 통해 자신들의 이해관계를 합법적으로 반영시키고, 사회적 연대의 원리에 의해 사회복지제도가 최소한의 생존을 보장하고 있으며, 일부 노동자들은 고액 연봉을 누리기도 한다. 그럼에도 불구하고 부의 집중과 양극화에 따른 노동자들의 비참한 생활은 여전히 우리 사회의 중요한 문제다. 대다수 노동자들은 경쟁이란 비인격적인 힘 뿐만 아니라 자신들을 인간이 아닌 '노동하는 도구'로 간주하는 부르주아 계급에 의해 사회의 하층으로 전락해 변변찮은 임금을 받으며 무시되고 경멸받으며, 정규직과 비정규직, 실직자, 도시빈민층, 영세자영업자 등으로 끊임없이 전전하면서 사람답게 살아가지 못하고 있다. 이것이 한국의 자본주의 체제, 그리고 이와 연결된 세계 자본주의 체제가 지닌 비인간적 모습과 무관하다고 자신 있게 말할 사람은 드물다. 그리고 이것을 사회적 현상이며 사회적 해결책을 찾아야 한다고 흔히들 이야기하지만 "공산당 선언"에서처럼 자본주의 체제 자체를 문제 삼는 사람은 많지 않다. 왜 오늘날 우리는 자본주의 체제 자체를 문제 삼지 않는 것일까?

부익부빈익빈(富益富貧益貧)의 양극화, 경쟁과 돈 중심의 인간관계, 끝없는 물욕과 무분별한 개발에 따른 자원과 환경의 파괴, 공황과 실업과 전쟁, 생명 윤리와 공동체적 연대의 파괴, 인간 소외, 민주주의와 인권의 억압 등등 현대 문명과 현대 사회의 주요 문제들은 자본주의 체제를 건강하게 운영하지 못해서가 아니라 자본주의의 기본적 운영 원리 그 자체로부터 발생하고 있다. 다시 말해, 우리의 삶과 운명을 약육강식과 승자독식의 논리가 지배하는 시장경쟁에 맡겨두는 사회적 조건 자체가 문제란 것이다. 경제생

활이 사회와 개인의 필요보다 기업의 이윤 동기에 의해 주
도되는 자본주의 체제에서 자본과 임금노동자 사이의 계약
은 원천적으로 평등하기 힘들며, 자본이 많을수록 유리한
시장에서의 경쟁은 공정하지 않고, 사회적으로 필요한 노
동에 대해 정당한 대가를 제공하지도 않는다. 사실 이 같은
자본주의 체제의 문제점은 양식 있는 사람이라면 부인하기
힘들지만 체제 자체를 문제 삼지 않는다는 것은 정말 이상
한 일이다. 이 체제의 유지를 통해 이익을 얻는 집단, 즉 기
득권층이나 지배 부르주아 계급은 그렇다 치더라도 대다수
이 체제의 희생자나 사회적 약자인 노동자들마저 자본주의
체제 자체를 문제시하는 마르크스와 엥겔스의 사상을 위험
하거나 비현실적인 것으로 간주한다. 심지어 스스로를 좌파
지식인이라고 생각하는 학자들조차 체제 자체를 문제 삼는
것을 '거대 담론'으로 부르며 회피하고 있다. 아니, 자신들
이 회피하는 것은 좋지만 다른 사람들이 문제 삼는 것마저
비판하고 있다. 이것은 마치 일본제국주의의 식민지 상태
에 놓인 조선 민족의 비참한 삶의 문제가 일제의 식민지 지
배 체제 자체에 있음에도 일본 제국주의의 식민지 지배 체
제 자체를 문제 삼거나 조선의 독립과 해방을 주요한 실천
과 학문의 목표로 하는 것을 비판하는 것과 마찬가지다. 오
늘날 우리 공동체 또는 사회를 규율하는 가장 중요한 가치
나 원리가 자본주의적 시장경제 체제와 자유민주주의 체제

라고 할 때 체제 자체의 문제점을 근본적으로 성찰해 보는 것은 보다 바람직한 공동체를 바라는 사람들에게는 피할 수 없는 실천적 또는 학문적 요구다.

노동자의 입장에서 바라보다

마르크스와 엥겔스는 "공산당 선언"에서 자본주의 체제 자체를 문제 삼으면서, 사회적 강자인 자본가가 아니라 사회적 약자인 노동자의 입장에서 이 문제를 보고 있다.

봉건사회가 몰락하고 생겨난 현대 부르주아 사회 또한 계급 모순을 폐기하지 못했다. 이 사회는 다만 새로운 계급들, 억압의 새로운 조건들과 투쟁의 새로운 형태들을 낡은 것과 바꿔놓은 데 지나지 않았다. (중략) 현대의 노동자 계급은 일거리가 있을 때만 생존할 수 있으며, 그들의 노동이 자본을 늘려주는 한에서만 일거리를 얻을 수 있다. 자신을 토막으로 나눠 팔지 않으면 안 되는 이 노동자들은 다른 온갖 판매품과 마찬가지로 하나의 상품이며, 따라서 다른 상품과 마찬가지로 경쟁의 모든 성패와 시장의 모든 변동에 내맡겨져 있다.

(중략)

늘어가는 기계 사용과 분업으로 말미암아 프롤레타리아트의 노동은 자립적 성격을 모두 잃었으며, 이와 더불어 노동자가 느낄 수 있는 온갖 매력을 잃어버렸다. 노동자는 기계의 단순한 부속품이 되고, 그에게 요구되는 것은 가장 단순하고 단조롭고 배우기 쉬운 동작뿐이다. 따라서 한 노동자에게 지출되는 비용은 거의 모두 그 자신을 유지하고 자손을 번식시키는 데 필요한 생활수단에 국한될 뿐이다. 그런데 모든 상품의 가격은 그 생산비와 같고, 따라서 노동의 가격도 마찬가지다. 그러므로 노동의 지겨움이 심해지면 심해질수록 그만큼 임금은 줄어든다. 그뿐만 아니라 기계와 분업이 늘어나면 늘어날수록, 노동시간이 늘어나거나 정해진 시간 안에 해야 하는 노동이 늘어나거나 기계의 운전속도가 빨라지거나 하여 노동의 양도 그만큼 늘어난다.

현대 공업은 가부장적 장인이 지배하던 작은 작업장을 산업 자본가의 대공장으로 바꿔놓았다. 노동자 대중은 공장에 집결해 군대식으로 편성된다. 산업 군대의 병사인 노동자 대중은 수많은 장교와 하사관들로 이루어진 완전한 위계질서의 감시 밑에 놓인다. 그들은 부르주아 계급, 부르주아 국가의 노예일 뿐 아니라, 날마다 시간마다 기계와 감독, 무엇보다도 개별 부르주아 공장주에 의해 노예가 된다. 이 전제(專制)제도는 영리가 궁극적인 목적임이 노골적으로 선언되면 될수록 더욱더 인색하고 증오스럽고 잔인해진다. (제1절)

산업혁명과 기계에 의한 공장제 대공업의 발달, 그리

고 그에 따른 자본주의의 발전과정을 묘사한 "공산당 선언"의 위 표현과 '산업혁명과 자본주의의 발달'에 대한 교과서의 표현을 비교해 보자.

　"산업혁명의 결과 인류의 경제생활은 대량생산의 시대로 접어들었으며, 농업사회에서 산업사회로 전환하였다. 대량생산의 영향으로 공장제 기계공업과 상품생산을 특징으로 하는 자본주의 경제가 확립될 수 있었다. 또한 시민계급은 대량생산 활동을 통하여 막대한 부를 축적할 수 있었으며, 이들은 자신들의 부를 바탕으로 참정권 획득 운동 등을 일으켜 민주주의 사회를 만들 수 있었다. 산업혁명은 현대 사회의 가장 기본적인 토대를 마련하는 역할을 한 것이다."

　산업혁명과 시민혁명을 진행시키며 유럽 사회의 새로운 변화를 주도하였던 시민계급은 자유로운 상공업 활동을 통해 이윤을 추구하고자 하였다. 그러나 절대왕정 시대부터 시작된 중상주의 정책은 이들의 자유로운 이윤추구를 가로막고 있었다. 이에 시민계급은 경제활동에 대한 정부의 간섭과 통제를 배제하고자 하였다.

　영국의 애덤 스미스는 시민계급의 이러한 입장을 대변하여 자유방임주의적인 경제사상을 제창하였다. 그는 정부가 외적의 방어나 치안유지 등 최소한의 역할만을 담당하고, 경제 분야는 시장에 맡겨야 한다고 주장하였다. 시민혁명의 성공 이후 애덤 스미스의 자유방임주의적인 경제사상은 곡물법과 항해법*의 폐지 등을 통하여 실현되었다. 이후 20세기 초까지 세계 자본주의 경제는 자유방임주의에 기초하여 진행되었다.

　그러나 자유방임주의적 시장경제 활동은 여러 가지 문제를 일으켰다. 먼저, 산업혁명으로 숙련공의 가치가 떨어지자 임금이 크게 낮아졌다. 이에 영국의 노동자들은 러다이트 운동(1811-17)**을 전개하였으나 실패하였다. 또한, 많은 노동자들이 장시간의 노동에 시달리고, 미성년자들이 낮은 임금을 받고 작업하는 등 노동문제가 심각한 사회문제로 대두하였다. 그리하여 차티스트 운동*** 등 노동운동이 일어나기 시작하였으며, 이에 자극받아 사회주의 사상이 싹트게 되었다. 하지만 19세기 이후 노동조합이 인정되고, 노동자가 참정권을 보장받으면서 노동문제는 차츰 완화되었다.

—고등학교 사회 (주) 중앙교육진흥연구소

　"공산당 선언"은 관심의 초점이 노동자들의 삶과 그

---

* **곡물법과 항해법**: 곡물법은 외국산 곡물의 자유로운 수입을 억제했고, 항해법은 영국의 수출입 물건을 선적할 배를 제한했다. 이러한 제도는 중상주의 정책의 산물로서, 시민계급의 자유로운 이윤추구를 방해했다.

** **러다이트 운동**: 영국의 숙련노동자들이 전개한 기계 파괴 운동.

*** **차티스트 운동**: 영국 노동자들은 1837년 남자의 보통선거권 등 의회정치의 개혁을 요구하는 인민헌장 6개조를 만들어 의회에 청원했다. 1848년까지 계속된 이 운동은 정부의 탄압을 받았다.

조건에 있다면 교과서의 글은 자본주의 경제의 발달과 그것이 사회 전반에 미친 변화 양상에 주로 초점이 맞추어져 있다. 그래서 이해영 교수(한신대)는 "공산당 선언"에 대해 다음과 같이 말하고 있다.

"인간은 단순히 말만을 할 수 있는 동물은 아니다. 그들은 쓰고 읽을 수 있는 존재이다. 문자가 있음으로 해서 인간은 먹고 사는 일이 아무리 엄혹하다 하더라도 다른 동물과 구분되고 나아가 함께 세상을 바꾸는 일도 가능해진다. 문자는 물론 밥이 아니다. 그러나 살기 위해서 아니 좀더 인간답게 잘 살기 위해서는 밥만으로 충분치 않다. 이런 의미에서 문자는 존재 필수품이다.

이 고마운 문자로 쓰여진 지상에 존재하는 많은 것들 가운데, '인간답게 잘 살기'에 보탬이 되는 것들이 있다. 단연 여러 경전(經典)이 첫손에 꼽힌다. 그러나 성인의 경서에서 오늘날의 노동자가 어떻게 인간답게 살 수 있는지를 읽어내기란 여간 어렵지 않다. 좀더 노동자의 처지에서, 세상이 어떻게 돌아가고 또 세상 어디에 문제가 있으며 그래서 무엇을 헤야 하고, 힐 수 있는지를 좀 쉽게 알려주는 문자들이 필요하다. 더불어 '노동자 세상'에 대한 소중한 꿈도 담겨 있으면 더할 나위 없을 게다. 말하자면 노동자용 모험소설이라고 할까?"

—공산당 선언 150주년: 잊기 위하여!

사실 첫 구절인 "지금까지의 모든 사회의 역사는 계급 투쟁의 역사다"(제1절 부르주아지와 프롤레타리아들)'로 시작해서, "프롤레타리아 노동자 무산 계급이 혁명에서 잃을 것이라고는 단지 구속의 사슬뿐, 더 이상 아무것도 없다. 프롤레타리아트는 세계를 얻게 되리라. 만국의 노동자들이여, 단결하라!"로 끝나는 "공산당 선언"의 모든 내용은 사회경제적 지위를 초월한 보편적인 인간의 입장에서 쓰여진 글이 아니다. 이러한 것을 빌미로 "공산당 선언"의 주요 사상과 내용을 계급적 관점이나 편협한 당파성을 지닌 것으로 문제 삼는 사람들도 있다. 그러나 월급을 주는 사람과 받는 사람의 관점과 입장이 완전히 같을 수는 없다. 부분적으로 같은 점이 있지만 오히려 다른 점이 더 많을 테고, 그렇기 때문에 서로 문제를 다르게 보고 느낀다. 더군다나 인류가 지금까지 발전시켜온 주요한 인간적 가치들, 보편적인 인권을 옹호한 주요 정치선언문들이 당파적이지 않은 것들이 있었던가? 영국의 권리장전*, 미국의 독립선언문**, 프랑

---

* **권리장전**: 강자인 절대왕권에 대항해 약자인 신민들의 권리와 자유를 선언한 것. 1628년의 권리청원(權利請願)이 영국의 청교도혁명과 관련된 인권선언인 데 비해, 권리장전은 명예혁명의 결과 이루어진 인권선언이다. 제임스 2세의 전제정치와 가톨릭 신앙에 반대해 일어난 명예혁명은 1688년 12월 23일 국왕이 프랑스로 도피하고, 이듬해 2월 13일 국민협의회가 윌리엄 3세를 국왕으로 추대하면서 무혈혁명으로 끝났다. 이때 의회는 새 왕을 추대하며 왕관과 함께 권리선언(權利宣言)을 제출해 승인을 받았고, 이 선언을 토대로 1689년 12월 16일 '신민(臣民)의 권리와 자유를 선언하고 왕위계승을 정하는 법률'이란 이름으로 공포된 의회제정법이 곧 권리장전이다.

** **독립선언문**: 강자인 영국 제국주의의 입장이 아니라 약자인 식민지 입장에서 독립에

스 대혁명의 인권선언* 등과 기타 수많은 권리선언문은 대부분 그때까지 무권리 상태에 있던 사회적 약자의 입장에서 쓰여진 것이다. 마찬가지로 "공산당 선언"은 자본주의 체제의 약자인 노동자들의 정치적 독립선언문이자 인권선언문이다. 그 정치적 지향은 제2절 '프롤레타리아들과 공산주의자들'의 끝 구절 "계급과 계급대립으로 얼룩진 낡은 부르주아 사회 대신에 각자의 자유로운 발전이 전체의 자유로운 발전의 조건이 되는 연합체가 나타나게 될 것이다"라는 표현에 잘 나타나 있다.

따라서 "공산당 선언"처럼 자신들이 어떤 문제를 바라볼 때 누구의 입장에서 어떤 관점과 방법, 또는 어떤 목적과 의도를 가지고 보는지를 밝히는 것이 정직한 태도다. 특히 사회 현상이나 사회 문제는 동일한 문제라고 해도 각자가 지닌 사회경제적 지위나 처지에 따라 관점과 입장이 다르기 때문에 이런 태도가 매우 중요하다.

대한 권리를 선언한 글. 1776년 7월 4일 발표. 토머스 제퍼슨이 기초했고, 로크의 정치사상이 강하게 반영되어 있으며, '생명, 자유, 행복 추구' 등의 천부적 권리를 선언했다. 또한 그 권리의 확보를 위해 정부가 조직되어야 하는데, 정부의 정당성은 국민의 동의에서 유래한다면서 식민지 독립의 정당성을 주장했다.

* **인권선언**: 1789년 입법회의가 강자인 봉건적 절대왕권을 무너뜨리고 약자인 시민과 평민들의 권리를 선언한 것. 주요 내용은 "인간은 권리가 자유롭고 평등하게 태어나고 생존한다." "사회적 차별은 오직 공동의 이익(general good)에 근거해서만 허용될 수 있다." 등. 정식 명칭은 "인간 및 시민의 권리선언".

자본주의 체제의 역사적 변화를 구체적으로 분석하다

마르크스와 엥겔스는 "공산당 선언"에서 자본주의 체제가 가져온 노동자들의 비참한 삶을 개선하기 위해 자본주의 체제의 역사적 변화를 구체적으로 분석하고 있다. 따라서 우리가 문제 삼는 것에 대해 어떤 태도로 접근하는가는 매우 중요하다. 그냥 특정 이론이나 체계를 비판하거나 새로운 이론과 체계를 세우는 것 자체를 목표로 하게 되면 구체적 현실을 끊임없이 이론이나 체계로 환원시켜 자신이 구성한 특정 이념형과 혼동하거나 그에 종속시킨다. 반대로 실천적 목적을 가지고 구체적 현실을 이론적으로 분석하는 경우에는 변화하는 구체적 현실과 그에 대한 이론적 분석 사이에 계속 긴장과 상호작용이 일어나고 자신의 이론적 틀보다 현실을 우위에 두며 현실에서 더 많은 것을 배우게 된다. 대부분 관념적인 학문들의 경향이 전자처럼 구체를 추상에 가둔다면 실천적 지식인들의 실사구시적(實事求是的)인 지적 활동은 구체적 현실을 파악하기 위해 추상과 구체를 끊임없이 오간다. "공산당 선언"에 나오는 현실에 대한 접근 태도와 방법과 관점을 배우기보다 당시의 역사적 상황으로부터 나온 이론적 내용 자체를 교조적으로 배우려는 사람들은 마르크스의 다음과 같은 말을 주의 깊게 읽어야 할 것이다.

지난 25년 동안 상황이 아무리 크게 변했다 하더라도, 이 "선언"에 개진되어 있는 일반적인 기본 원리들은 크게 보면 오늘날에도 전적으로 옳다. 여기저기 몇몇 군데는 고쳐져야 할 것이다. "선언" 자체가 말하고 있는 바와 같이, 이러한 기본 원리를 실천에 적용하는 것은 언제 어디서나 당대의 역사적 조건들에 의존하게 될 것이다. 그러므로 "선언"의 제2절 끝에서 제시된 혁명적 방책들은 결코 그 자체가 중요한 의의를 가지고 있는 것은 아니다. 오늘날 이 부분은 여러 가지 점에서 다르게 서술되어야 할 것이다. 지난 25년에 걸친 대공업의 거대한 발전과 이에 따른 노동자 계급의 당 조직의 성장에 비춰볼 때, 그리고 우선 2월 혁명의 실천적 경험과 더 나아가 정권이 처음으로 2개월간이나 프롤레타리아트의 손아귀에 있었던 파리 코뮌의 실천적 경험에 비춰볼 때, 이 강령의 몇몇 군데는 오늘날 낡은 것이 되어버렸다. 특히 코뮌은 "노동자 계급이 기존의 국가기구를 단순히 장악하여 그것을 자기 자신의 목적을 위해 운영할 수는 없다"("프랑스의 내란에 대한 국제 노동자협회 총평의회의 격문", 독일어판, 19쪽. 거기에는 이 점이 더 상세하게 설명되어 있다.)는 것을 실증해 주었다. 또 사회주의 문헌에 대한 비판(제3절)은 1847년까지의 것만을 다루고 있으므로 오늘날에 볼 때 불충분한 것임은 너무도 명백하다. 마찬가지로 각종 반정부당들에 대한 공산주의자들의 입장을 언급한 부분(제4절)도 기본적인 점에서는 오늘날에도 옳지만, 실천에 옮기기에는 이미 낡아버렸음이 분명하다. 왜냐하면 정치 정세가 완전히 달라졌고 또 거기에 열거된 당들이 역사 발전에 따라 대부분 지상에서 사라져버렸기 때문이다.

—1872년 독일어판 서문 중에서

역사적·사회적 현실에 대한 이러한 마르크스의 접근 태도는 흔히 사적 유물론(유물사관)이라고 부르는데, 역사적으로 형성되어온 사회 현상의 과정을 구체적으로 분석해 그 주요 경향성을 살펴보는 방법이다. 특히 마르크스는 인간의 노동으로 이루어지는 경제활동을 중요한 역사적 변화의 동력으로 보고 "공산당 선언"에서 "인간의 복잡한 사회적 관계의 기초를 이루는 것이 생존과 생활에 필요한 것들을 생산하는 관계이며, 그 관계는 생산력의 발전에 따라 변화한다"는 생각을 자본주의 체제를 분석하는 기본 시각으로 삼는다. 1890년 독일어판 서문에서 엥겔스는 이를 다음과 같이 표현하고 있다.

"선언"을 뚫고 흐르는 기본 사상, 즉 어떤 역사적 시기의 경제적 생산과 거기서 뒤따라 나올 수밖에 없는 사회조직은 그 시대의 정치사와 지성사의 토대를 이루며, 이에 상응하여 (원시공동체적 토지 소유가 붕괴한 이래) 역사 전체는 계급투쟁, 즉 서로 다른 사회 발전단계에서의 피착취계급과 착취계급 사이의 투쟁, 피지배계급과 지배계급 사이의 투쟁의 역사였다는 사상, 그러나 지금 이 투쟁은 착취당하고 억압받는 계급(프롤레타리아트)이 동시에 사회 전체를 착취와 억압과 계급투쟁으로부터 영원히 해방하지 않고서는 자신을 착취하고 억압하는 계급(부르주아지)에게서 해방될 수 없는 단계에 이르렀다는 사상, 이 기본 사상은 전적으로 또 오로지 마르크스의 것이다.

이러한 관점에서 자본주의 체제의 역사적 변화과정을 분석하여 기술한 "공산당 선언" 제1절의 주요 내용을 살펴보면, 지난 160년 동안의 자본주의 체제의 주요한 역사적 변화와 발전 경향에 대한 놀라운 통찰력을 담고 있음을 알게 된다.

우리는 현대 부르주아지 자체가 기나긴 발전과정의 산물이며, 생산과 교환방식에서 일어난 잇따른 변혁의 산물임을 알 수 있다.

부르주아지는 역사에서 아주 혁명적인 역할을 해냈다.

부르주아지는 자신들이 지배권을 획득한 곳에서는 어디서나 모든 봉건적·가부장적 목가적(牧歌的) 관계를 파괴했다. 부르주아지는 사람을 타고난 상전들에게 얽매어놓고 있던 온갖 봉건적 속박을 가차 없이 토막내버렸다. 그리하여 사람들 사이에는 노골적인 이해관계와 냉혹한 '현금 계산' 외에는 아무런 관계도 남지 않게 되었다. 부르주아지는 종교적 광신, 기사적(騎士的) 열광, 속물적 감상 등의 성스러운 황홀경을 이기적 타산이란 차디찬 얼음물 속에 집어넣어버렸다. 부르주아지는 사람의 인격적 가치를 교환가치로 해체했으며, 특허장으로 보장되거나 투쟁을 통해 얻어진 수많은 자유 대신에 단 하나의 파렴치한 자유, 즉 상거래의 자유를 내세웠다. 한마디로 부르주아지는 종교·정치적 환상에 의해 가려져 있던 착취를 공공연하고 파렴치하며 직접적이고도 잔인한 착취로 바꿔놓았다.

부르주아지는 지금까지 영예로운 것으로 생각되어 왔고 사람들이 경건한 마음으로 보아 오던 모든 직업에서 그것들이 갖고 있던 후광을 빼앗았다. 그들은 의사, 법률가, 성직자, 시인, 학자들을 자신이 고용하는 임금 노동자로 만들어버렸다.

부르주아지는 가족관계에서 사람의 심금을 울리는 감상의 껍데기를 벗겨 순전히 금전관계로 바꿔 버렸다.

부르주아 계급이 존립하고 지배하기 위한 가장 본질적인 조건은 부가 개인의 손 안에 쌓이는 것, 즉 자본이 만들어지고 늘어나는 것이다. 자본주의의 존재조건은 임금노동이다. 임금노동은 노동자 서로간의 경쟁 위에서만 유지된다. 부르주아지가 싫든 좋든 촉진하지 않을 수 없는 공업의 진보는 경쟁에 의한 노동자들의 고립 대신에 연합에 의한 혁명적 단결을 가져온다. 이처럼 대공업의 발전과 더불어 부르주아지가 생산물을 생산하고 점유하는 기반 자체가 부르주아지의 발밑에서 무너져 간다. 부르주아지는 다른 무엇보다도 자신의 무덤을 파는 일꾼을 생산하는 셈이다. 부르주아지의 멸망과 프롤레타리아트의 승리는 다 같이 피할 수 없

는 일이다.(제1절)

　　마르크스와 엥겔스의 현실에 대한 끊임없는 구체적 비판과 분석 노력은 "공산당 선언" 1883년 독일어판 서문에서도 볼 수 있다. 미국과 러시아 자본주의 발전에 대한 분석을 언급한 부분을 보자.

　　당시(1847년 12월) 프롤레타리아 운동의 보급 범위가 제한되어 있었는가를 "선언"의 마지막 절—각 나라의 각종 반정부당들에 대한 공산주의자들의 태도—이 가장 잘 보여주고 있다. 이 절에서는 바로 러시아와 미국이 빠져 있다. 당시는 러시아가 유럽 반동세력 전체의 마지막 거대한 예비군이던 때였으며, 미국이 유럽 프롤레타리아트의 과잉 인구를 이민으로 흡수하던 때였다. 이 두 나라는 유럽에 원료를 공급하고 있었으며, 동시에 유럽 공산품의 판매시장이기도 했기 때문에 당시 어쨌든 간에 유럽의 기존 질서를 받쳐주는 기둥이었다.

　　오늘날에는 사정이 얼마나 달라졌는가! 바로 유럽 이주민들이 북미의 농업 생산을 엄청나게 늘렸으며, 그것과 경쟁하느라고 유럽의 토지 소유는 크든 작든 간에 뿌리째 뒤흔들리고 있다. 뿐만 아니라 유럽 이주민 덕분에 미국은 정력적이고 단계적으로 엄청난 공업용 자원들을 개발할 수 있게 되었으며, 이 자원들은 지금까지 서유럽, 특히 영국이 누리던 공업의 독점을 머지않아 깨부

수지 않을 수 없다. 이 두 가지 상황이 다시 미국 자체에도 혁명적인 영향을 끼치고 있다. (미국식) 정치제도 전체의 토대인 농장주들의 중소 규모 토지 소유는 대농장과 경쟁하며 차츰 패배하고 있다. 동시에 공업 지역에서는 처음으로 다수의 프롤레타리아와 거짓말 같은 자본 집중이 발전하고 있다.

그러면 이제 러시아를 살펴보자. 1848-49년의 혁명 동안 유럽의 군주들뿐만 아니라 부르주아지까지도 이제 막 깨어난 프롤레타리아트 앞에서 러시아의 간섭을 유일한 구원으로 여기게 되었다. 차르는 유럽 반동세력의 두목으로 선포되었다. 오늘날 그는 가취나*에 수용된 혁명의 전쟁포로이고, 러시아는 유럽 혁명운동의 선봉을 이루고 있다.

"공산당 선언"의 과업은 피할 수 없게 닥쳐오고 있는, 현대의 부르주아적인 소유를 폐지한다고 선포하는 것이었다. 그러나 러시아에서는 머리가 어지러울 만큼 급속히 번창하는 자본주의와 이제야 겨우 발전하기 시작한 부르주아적 토지 소유가 있는 반면에, 토지의 절반 이상이 농민의 공동소유임을 볼 수 있다. 그러면 다음과 같은 의문이 생긴다. 비록 러시아의 공동체(Obschtschina)에서는 토지의 원시적 공동소유 형태가 심하게 무너지기는 했지만,

---

* **가취나**(Gatschina): 레닌그라드 남서쪽으로 45km 떨어진 고장. 그곳에 있는 유명한 성
(城) 이름이기도 함. 10월 혁명 전에는 러시아 차르의 휴양지였으나 오늘날에는 박물관
으로 쓰인다. 알렉산드르 3세는 혁명가들로부터 테러를 당하지 않으려고 이곳에 숨어
있었다.

어쨌든 그것이 한층 더 높은 공산주의적 공동소유의 형태로 직접 이행할 수 있겠는가? 그렇지 않으면 거꾸로 서유럽의 역사 발전이 보여준 것과 같은 해체과정을 먼저 거쳐야만 할 것인가?

오늘날 이에 답할 수 있는 것은 오직 다음과 같다. 만일 러시아의 혁명이 서유럽 프롤레타리아 혁명의 신호가 되고 그 결과로 둘이 서로를 보완한다면, 지금 러시아에 남아 있는 토지의 공동소유는 공산주의 발전의 출발점 역할을 할 수 있을 것이다.

"공산당 선언"의 이러한 현실분석 태도와 자본주의 체제에 대한 관점이 지니는 현재적 의의에 대해 서울대 김수행 교수는 다음과 같이 말하고 있다.

몇 가지 예를 들면서 "선언"의 현재적 의의를 살펴보자.

첫째로 선진 자본주의국에서는 1980년대 이래 복지국가의 제도들이 점점 더 해체되고 있다. 학교와 병원이 모든 주민들에게 무료로 서비스를 제공했는데, 이제는 무료 서비스가 크게 줄어들면서 사설 학교와 사설 병원이 큰 역할을 하고 있다. 다시 말해 모든 주민들의 욕망이나 필요를 충족시킨다는 원리가 퇴보하고 자본가의 이윤 추구가 더욱 확장하고 있는데, 이것은 분명히 '새로운 사회'로부터 더욱 멀어지는 것이다.

둘째로 현재의 자본주의 세계는 주기적으로 반복하여 경제 위기나 공황에 부닥치고 있다. 1974-75년에는 제1차 석유가격

폭등으로 세계 전체가 위기에 빠졌고, 1981-82년에는 제2차 석유가격 폭등으로 위기에 빠졌으며, 1987년 10월에는 세계 전체의 증권시장이 1929년의 주가폭락보다 더 큰 폭락에 직면했다. 그리고 1997년에는 타이, 인도네시아, 한국이 경제위기에 빠졌고, 일본은 장기적인 불황상태에서 벗어나지 못하고 있다. 이처럼 자본주의 나라들이 모두 경제위기를 경험했을 뿐 아니라 반복적으로 경험하고 있다는 사실은 "선언"의 관점이 아직도 유효하다는 것을 가리킨다.

따라서 한국의 경제위기를 해명하는 데도 경제위기가 재벌 때문에 발생했다든지, 노동운동 때문에 발생했다든지, 정경유착 때문에 발생했다고 말할 수 없는 것이다. 다시 말해 한국의 경제위기는 한국적인 특수사정 때문에 발생한 것이 아니라 자본주의 체제가 지닌 일반적 속성 때문에 발생한 것이라는 점이다. 물론 한국적인 특수사정이 경제위기의 발생시기나 발생형태나 계속기간이나 탈출형태를 규정하는 것은 사실이다.

셋째로 자본가 계급과 노동자 계급 사이의 계급투쟁이 자본주의 사회를 변화시키는 원동력이라는 "선언"의 관점은 현재 더욱 분명히 증명되고 있다. 만약 지금과 같은 어려운 시기에 노동자 계급의 세력이 매우 강력하여 정리해고제와 변형근로제를 철폐하고, 노동시간을 단축함으로써 고용을 보장하며, 실업자의 생존과 인간적 존엄성을 유지할 수 있을 정도의 사회보장제도를 확립할 수 있다면, 한국의 자본주의는 '인간의 얼굴을 가진 자본주의'로 변혁될 것이다. 사실상 1950-80년의 스웨덴이 그러한 유형이었다. 그러나 지금 노동운동이 패배하고 IMF와 정부 및 재벌이 일방적으로 승리한다면, 한국의 자본주의는 실업자의 격증, 빈부격차의 심화, 마약과 범죄의 격증, 정치적·사회적 불안정, 폭동에 의해 지배될 가능성이 매우 크다.

넷째로 현재 자본은 세계 각국을 자유롭게 이동하기 때문에, 1848년의 "선언"은 자본의 세계화를 이해할 수 없을 것이라는 주장이 있지만, 이 주장은 전혀 잘못된 것이다. 마르크스는 자본의 가치증식욕이 무한하기 때문에 자본은 모든 나라들에 침투할 뿐 아니라 모든 나라들의 법률이나 조세제도를 동일하게 만드는 경향이 있음을 지적했다. 지금 우리가 말하는 블루라운드*나 그린라운드** 등도 예측한 것이다. 또한 자본의 세계화가 진행하면 노동운동은 어떻게 대응할 것인가에 대해서도, "선언"은 다음과 같이 말하고 있다. "각국의 노동자 계급은 당연히 맨 먼저 자기 나라의 지배계급을 끝장내야 한다." 그리고 "만국의 노동자여! 단결하라."

"공산당 선언"은 150년 전의 유물이 아니라, 공황이 빈발하고 대량실업이 발생하며 소수의 초국적 금융자본이 거대한 투기

---

* **블루라운드**(Blue Round): 국가 간의 통상문제에 노동기준과 무역을 연계시키기 위한 선진국들의 무역정책 가운데 하나. 각국의 근로조건을 국제적으로 표준화하여 이 기준에 미달하는 개발도상국들의 상품에 대해 무역제재 조치를 취하기 위한 것.

** **그린라운드**(Green Round): 각국이 환경규제 기준을 마련하고, 이를 위반한 제품은 수입을 금하며, 국제환경협약을 이행하지 않았을 경우에 무역제재를 가하는 것이 골자. 반대하는 국가가 많아 '관세 및 무역에 관한 일반협정(GATT)'에서 열리지는 않은 상태.

이득을 얻고 있는 현재의 자본주의 세계를 이해하고 비판하는 무기가 될 수 있다.

—"공산당 선언"과 현재의 자본주의 세계

마르크스나 엥겔스가 이처럼 구체적 현실에 대해 지속적인 관심을 갖고 분석하는 것은 사실 그들의 인식론적 태도로 보면 당연하다. 그들은 현실이 우리의 인식보다 1차적인 것임을 인정한다. 지금 최선을 다해 확보한 인식의 결과지만 우리 인식의 제한적 능력 때문에 현실의 복잡한 변수들을 충분히 고려하지 않을 가능성이 항상 존재한다고 믿는 것. 그들은 실제 현실에 부딪히고 실천해 보면서 자신들의 인식 내용이나 이론이 현실과 어긋나면 언제든지 그것을 버리고, 어떤 이론이나 인식의 결과를 그것이 나온 구체적인 역사적 조건과 무관하게 보편적 인간이나 사회에 적용하려는 교조적 태도를 항상 경계하고 비판했다.

그들은 어떤 특별한(besondere) 원칙을 세워 프롤레타리아 운동을 이 원칙에 뜯어 맞추려고 하지 않는다.(제2절)

공산주의자들의 이론적 명제들은 결코 어떤 세계 개혁가가 고안하거나 발견한 사상, 원칙에 바탕을 두고 있는 것이 아니다.

이 명제들은 다만 현존하는 계급투쟁의 현실적인 관계들, 즉

우리 눈앞에서 진행되고 있는 역사적 운동을 일반적으로 표현한 것일 뿐이다.(제2절)

프랑스의 사회주의와 공산주의 문헌은 지배계급인 부르주아지의 억압 밑에서 생겨났으며 그 지배에 대한 투쟁을 글로 표현한 것이다. 이 문헌이 독일에 들어온 것은 독일의 부르주아지가 이제 막 봉건적 절대주의에 맞서 싸우기 시작했을 때였다.

독일의 철학자들, 얼치기 철학자들과 문필 애호가들은 이 문헌에 열렬히 매달렸지만, 이러한 저술들이 프랑스로부터 독일에 들어올 때 프랑스의 생활조건도 함께 들어온 것은 아니란 사실을 잊어버리고 있었다. 독일의 상황에서 프랑스 문헌은 직접적인 실천적 의의를 모두 잃어버린 채 순전히 문헌으로서의 겉모습만을 띠게 되었다. 이 문헌들은 인간 본질의 실현에 관한 한가한 사변으로 보일 수밖에 없었다. 그리하여 18세기의 독일 철학자들에게는 프랑스 대혁명의 요구가 '실천이성' 일반의 요구라는 것 말고는 아무 의미도 갖지 못했고, 혁명적인 프랑스 부르주아지의 의지 표명이 그들의 눈에는 순수 의지, 즉 응당 그래야 할 의지, 참된 인간 의지의 법칙을 뜻하는 것처럼 보였다.(제3절)

자신의 이런 지적 태도가 노동자 계급의 해방에 매우 중요하다고 생각한 마르크스는 노동자들이 처한 현실적 조건에 대해 구체적으로 분석도 하지 않고 맹목적으로 실천하는 것을 몹시 싫어했다. 그는 과학적인 사상이나 건설적인 신조를 제공하지 않고 노동자들을 선동하려 드는 것은 '영감을 받은 예언자인 척하지만 실은 입만 뻥긋거리는 멍청이 노릇을 하는 것이며, 설교를 한다지만 기실 쓸데없고 부정직한 연극을 하는 것과 마찬가지'라고 말했다. 따라서 그는 그럴 듯한 말로 번지르르하게 선동은 잘하지만 실제의 삶과 말이 일치하지 않았다고 라쌀레*를 싫어했으며, 노동자 계급의 투쟁이 처한 복잡한 역학에 대해 공부할 생각은 않고 입에 발린 말로 떠들고 다니면서 비밀스러운 음모를 좋아한 바쿠닌*을 경멸했다.

* 라쌀레(Ferdinand Lassalle. 1825-64): 독일 사회주의 운동가, 희곡작가. 주요 저서는 〈학문과 노동자〉 등.
* 바쿠닌(Mikhail A. Bakunin. 1814-76): 러시아 혁명가, 급진적 무정부주의자. 주요 저서는 〈국가와 무정부〉 등.

성급한 비판 이전에 제대로 읽자

"공산당 선언"이 이처럼 사회적 약자인 노동자의 입장에서 자본주의를 분석하고 비판할 때 어떤 태도와 관점과 방법으로 접근해야 하는가에 대한 훌륭한 모범을 보여주고 있음에도 불구하고 1872년 독일어판 서문에서 마르크스 스스로 밝혔듯이 역사적 조건의 변화를 충분히 읽지 못해 제

2-4절은 부정확한 부분이 많다.

그것은 프롤레타리아 독재와 적대적 폭력의 불가피성이나 국가에 대한 판단처럼 당시의 시대적 조건 때문일 수도 있고, 독일 같은 후발 자본주의 국가에서의 부르주아지의 정치혁명 또는 시민혁명과 노동자 계급의 사회주의혁명에 대한 성급한 기대에 기인하는 바도 있을 것이다,

"선언"은 세 가지 내지 네 가지 각기 다른 차원의 시간성을 가지며, 따라서 '먼 미래'(프롤레타리아 혁명)와 '근접 미래'(독일의 자본주의적 미래), 그리고 '근접 과거'(영국과 프랑스에서의 자본주의로의 이행)가 "선언"의 '현재'에 투영되고 있다. 보다 근본적으로 그 괴리는 저자들의 거시적인 역사관의 핵심인 이중혁명관 자체로부터 비롯되었다. 영국은 자본주의 체제에 대한 분석의 본보기였고, 그들은 영국에서 자본주의의 미래를 보았다. 하지만 이 자본주의 세계의 주인공이라는 부르주아지의 상(像)을 그들이 얻어낸 곳은 영국이 아니라 프랑스였다. 그들은 영국의 자본주의 발전과 프랑스 혁명의 역사적 성과를 겹쳐놓음으로써 부르주아지와 자본가 계급을 동일시하고 혁명적 부르주아지라는 신화를 만들어냈던 것이다.

흥미롭게도 바로 이러한 측면이 "선언"의 현재적 의미를 더욱 부각시키고 있다. 제대로 부르주아 혁명을 경험하지 못한 우리에게 "선언"은 부르주아지를 위한 '송가(頌歌)'로, 자본주의의 역

동성은 사회주의의 미래를 위해 포기해서는 안 될 역사적 담보물로 보인다. "선언"은 프롤레타리아트에게 부르주아 혁명의 역사적 과제를 맡아줄 것을 부탁하고 있으며, 그것이 오직 계급투쟁을 통해 이룩될 것임을 웅변하고 있다. 세기말의 혼돈을 넘어 "선언"은 21세기가, 외적 팽창의 한계에 다다른 자본주의가 내부로부터 '지양(止揚)의 해체력'을 발견하게 될 것임을 새롭게 전망하고 있는 것이다.

—최갑수 "공산당선언"의 현재적 의의

많은 사람들은 "공산당 선언"의 이러한 약점이나 부족한 점을 빌미로 그것이 지닌 자본주의 체제에 대한 정당한 비판과 분석마저도 외면한다. 특히 마르크스에 대해서는 그의 의도나 입장, 접근 방법과 태도, 관점 등을 고의나 무지로 인해 왜곡하여 비난한 경우가 너무 많다. 노동자들이 비인간적인 상태에서 벗어나게 하기 위해 사회적 조건을 분석하는 마르크스의 사상을 '인간의 영혼과 정신, 도덕, 가치 등보다 물질을 중요시한 쓰레기 같은 사상'이라고 한다든지, 모든 사회 현상이 생산력과 생산관계에 의해 자동적으로 결정되는 경제결정론이라든지, 이념을 맹신하는 피도 눈물도 없는 냉혹한 사상 또는 인간의 이기적 본성에 어긋나는 사회 체제를 위한 비현실적인 사상이라는 등등. 한국전쟁을 전후한 우리 사회의 격렬한 좌우 정치대립과 오랜 우익 독재정권들의 득세, 분단과 북한의 경직된 국가체제는 이런 무지와 편견의 중요한 온상이었다.

이처럼 편견에 기초한 성급한 비판은 사실 마르크스의 의도나 태도, 사상, 방법, 관점과는 거리가 멀다. 그는 인간 사회의 역사가 신비한 힘이 아니라 과학기술이나 도구를 사용하여 생산하고 소비하며 투쟁하는 인간, 정신적·육체적 노동과 실천을 수행하는 인간, 그것도 소수가 아닌 다수의 수많은 인간들의 활동에 의해 형성되어 온 것임을 말했고, 우리가 자유로우려면 이 사회의 현실적 조건들을 이해하기 위해 부단히 노력해야 한다고 생각한 인물이었다. 인간은 비록 불완전하게나마 자신과 자신이 처한 조건을 객관적으로 이해하지 않으면 자유로울 수 없다. 자신이 푸는 문제의 요구사항을 객관적으로 이해하지 못한 수험생이 문제를 제대로 풀 수는 없다. 시장상황을 주관적으로만 이해한 경영자나 정세를 자신에게 유리한 식으로만 이해한 정치가, 학생과 자신의 능력을 과소 또는 과대평가하는 교사가 행복하기는 힘들다. 마르크스와 엥겔스에 찬성하든 반대하든, 자본주의 체제에 찬성하든 반대하든 마르크스와 엥겔스가 기초한 "공산당 선언"과 소통하고 대화하면서 무엇인가를 배우려면 그의 문제의식과 방법, 태도, 관점 등에 대한 최소한의 객관적 이해가 선행되어야 한다. 그러기 위해서는 최소한 "공산당 선언" 제1절만이라도 꼼꼼히 읽어보길 권한다. 마르크스의 이론을 비판하기 이전에 그가 고민하던 현실을 보고, 그 현실과 오늘날 우리의 현실을 비교해 보아야 하는 것이다.

사실 〈자본론〉을 비롯한 마르크스의 다른 저작에 나타난 말이 모두 올바르길 기대하는 것은 그가 인간이 아니길 기대하는 것과 같다. 성경이나 불경도 모순적이거나 비현실적인 부분이 어디 한두 군데인가? 이런 관점에서 보면 예수도, 부처도, 마르크스도 모두 틀렸다. 예수가 오늘의 기독교 권력과 교회 체계를 예상하고 바랐겠는가? 부처가 오늘의 사찰 체계와 불교 권력을 바랐겠는가? 마르크스가 소비에트러시아의 전체주의적 국가 체제를 바랐겠는가? 한 개인의 사상이나 행동과 실천이 당대와 후대에 어떤 영향을 미칠 것인지는 예측하기 힘들다. 그 누구도 자신이 의도한 결과만을 낳을 수는 없다. 개인은 그만큼 복잡한 사회관계 속에 존재하며 살아가고 있다. 마르크스가 문제 삼고자 한 것은 자본주의 체제이며, 의도한 것은 인간해방을 위한 노동자 계급의 단결이었다. 자본주의 체제와 노동자 계급의 역사적 운명이 영원하리라고 생각하지 않는다. 이미 자본주의적 시장경제는 많은 사람들을 부양하지 못하고 있다. 그 다음에 우리가 먹고 사는 문제를 해결하는 체제는 어디서 성장해 오는 것일까? 마르크스의 가르침대로라면 이론이 아니라 현실에 눈을 돌려보라. 그곳에 답이 있다.

나가며

"공산당 선언"은 마르크스라는 한 개인의 위대한 창작물이 아니다. 그 사상적 배경에는 영국과 프랑스, 독일 등의 문학, 철학, 경제학 등 인류의 지적 유산이 녹아 있다. 그러나 한 개인이 사회적 약자의 입장에서, 억압과 차별과 착취를 철폐하고자 하는 인간해방의 관점에서, 현실에 대한 구체적 분석을 통해 그 해방의 조건을 비판적으로 분석하는 일을 일생의 과업으로 여기기는 쉽지 않다. 더구나 삶의 기본적 토대인 자본주의 권력체제 자체를 인정하고 그 안에서 문제를 제기하기는 쉽지만, 토대 자체를 문제 삼고 근본적으로 성찰하고 비판하기는 참으로 어려운 일이다. 그가 그 일을 할 수 있었던 힘은 어디서 나온 것일까? 마르크스는 김나지움을 졸업하면서 "직업 선택에 대한 한 젊은이의 고찰"이란 논문을 썼다. 그는 앞으로 '인류의 행복과 해방'을 향한 삶을 살겠다고 약속하며 다음과 같이 말했다.

"온 힘을 다해 인류에 기여할 수 있는 일을 택한나면… 우리는 초라하고 제한된 이기적인 기쁨을 향유하지는 않을 것이다. 우리의 행복은 수백만 명의 행복이 될 것이기 때문이다."

이것일까? 돈과 권력과 명예가 최고인 속물들과 경쟁

적이고 이기적인 인간들이 뭐라고 하든 제 갈 길을 간 그의
생애를 설명할 수 있는 것이.

1. 다음을 제시문을 참고하여 자본주의 사회에서 나타나는 인간관계의 특질에 대해 비판적으로 논하라.

(가)

부르주아지는 자신들이 지배권을 획득한 곳에서는 어디서나 모든 봉건적·가부장적·목가적(牧歌的) 관계를 파괴했다. 부르주아지는 사람을 타고난 상전들에게 얽매어놓고 있던 온갖 봉건적 속박을 가차 없이 토막 내버렸다. 그리하여 사람들 사이에는 노골적인 이해관계와 냉혹한 '현금 계산' 외에는 아무런 관계도 남지 않게 되었다. 부르주아지는 종교적 광신, 기사적(騎士的) 열광, 속물적 감상 등의 성스러운 황홀경을 이기적인 타산이라는 차디찬 얼음물 속에 집어넣어 버렸다. 부르주아지는 사람의 인격적 가치를 교환가치로 해체했으며, 특허장으로 보장되거나 투쟁을 통해 얻어진 수많은 자유 대신에 단 하나의 파렴치한 자유, 즉 상거래의 자유를 내세웠다. 한마디로 부르주아지는 종교·정치적 환상에 의해 가려져 있던 착취를 공공연하고 파렴치하며 직접적이고도 잔인한 착취로 바꿔놓았다.

—"공산당 선언" 제1절

(나)

　　인간이 자신과 맺는 관계는 무엇인가? 나는 다른 어디에선가 이 관계를 '시장 지향성'이라 설명하였다. 이런 지향성에서 인간은 자신을 시장에서 성공적으로 고용되는 물건으로서 경험한다. 그는 자신이 적극적인 행동의 주체자이며, 인간의 힘을 지닌 자임을 경험하지 못한다. 그는 이런 힘으로부터 소외되어 있다. 그의 목표는 자신을 시장에 성공적으로 파는 것이다. 그의 자의식은 사랑하고 생각하는 한 개인의 행위에서 나오는 것이 아니라, 그의 사회경제적인 역할에서 나오는 것이다. 만일 사물들이 말을 할 수 있다면 "당신은 누구입니까?"라는 질문에 타자기는 "나는 타자기입니다."라고 말할 것이고, 자동차는 "나는 자동차입니다." 또는 더 구체적으로 "나는 포드입니다." 또는 "나는 뷰익입니다." 또는 "나는 캐딜락입니다."라고 대답할 것이다. 만일 당신이 한 사람에게 "당신은 누구입니까?"라고 물으면 그는 "나는 제조업자입니다." 또는 "나는 의사입니다." 또는 "나는 결혼한 사람입니다." 또는 "나는 두 아이의 아버지입니다."라고 답하고, 그의 대답은 사물이 대답하는 것과 매우 유사한 의미를 지닌다. 그것이 그가 자신을 사랑과 두려움, 확신, 의심을 지닌 인간으로서가 아니라, 사회제도에서 어떤 기능을 수행하는 그의 본성에서 소외되어 있는 자로서의 자신을 경험하는 방식이다. 그의 가치관은 그의 성공에 달려 있다. 즉, 그가 자신을 유리하게 팔 수 있는지 아닌지, 그가 시작할 때보다 자신을 더 중요하게 여길 수 있는지 아닌지, 그가 성공한 사람인지 아닌지에 달려 있는 것이다.

—에리히 프롬 〈건전한 사회〉

2. 다음은 자본주의 체제와 인류 역사의 발전 방향에 대해 서로 다른 관점을 보여주고 있다. 이 두 가지 관점을 간략히 비교 분석하고, 그 중 하나의 입장을 택하여 자본주의 체제와 인류의 미래를 전망해 보시오.

(가)

부르주아적 생산관계와 교환관계, 부르주아적 소유관계, 마치 마술이나 부린 듯 그렇게도 강력한 생산수단과 교환수단을 만들어낸 현대 부르주아 사회는 자기가 주문으로 불러낸 저승사자의 힘을 더 이상 감당할 수 없게 된 마술사와도 같다. 지난 수십 년 동안의 공업과 상업의 역사는 현대의 생산관계에 대한, 즉 부르주아지의 존립과 그 지배조건인 현대의 소유관계에 대한 현대 생산력의 반항의 역사에 지나지 않는다. 이에 대해서는 주기적으로 되풀이되면서 부르주아 사회 전체의 존립을 더욱더 위협하고 있는 상업공황을 언급하는 것만으로도 충분할 것이다. 상업공황이 일어날 경우, 제조된 생산물뿐만 아니라 이미 이룩된 생산력의 상당 부분도 규칙적으로 파괴된다. 공황 때는 일종의 사회적 전염병—과거의 모든 시대에는 터무니없는 일로만 보였을 과잉생산이라는 전염병—이 널리 퍼지게 된다. 사회는 잠시 동안 야만상태로 후퇴하여 마치 기근과 전면적인 파괴전이 모든 생활수단을 쓸어간 것처럼 보이며, 공업과 상업이 전멸될 것같이 보인다. 그것은 무슨 까닭인가? 그것은 사회가 너무나 큰 문명을 가지고 있고 생활수단이 너무나 많으며, 너무나 큰 공업과 상업을 가지고 있기 때문이다. 이제 사회가 가지고 있는 생산력은 이미 부르주아적 문명과 부르주아적 소유관계가 발전하는 데 봉사하지 않는다. 오히려 그것은 이러한 소유관계에 비하면 너무 방대해져서, 이제는 부르주아적 소유관계가 생산력의 발전을 억제하게 된다. 그리고 생산력이 이 질곡을 극복하기 시작하면 그것은 부르주아 사회 전체를 혼란상태에 빠뜨리며 부르주아적 소유가 존립하는 것을 위태롭게 한다. 부르주아적 관계는 자신이 만들어낸 부를 포용하기에는 너무도 협소해진 것이다. 부르주아지는 어떠한 방법으로 이 공황을 극복하는가? 한편으로는 거대한 생산력을 어쩔 수 없이 파괴하고, 다른 한편으로는 시장을 새로이 넓히면서 기존의 시장을 더욱더 철저하게 착취하는 방법으로 극복한다. 그러면 결국 어떻게 되는가? 더욱더 광범위하고 파괴적인 공황을 준비하게 되며,

공황을 예방할 수단도 줄어들게 된다.

—마르크스, 엥겔스 "공산당 선언"

(나)

　지난 10년간 세계 정치 · 경제에 많은 일들이 벌어졌다. 그러나 자유민주주의와 시장경제질서만이 현대 사회의 유일한 선택이라는 결론이 틀렸음을 보여주는 사례는 찾아볼 수 없었다. 그동안 전개된 가장 심각한 사태는 아시아의 경제위기와 러시아의 개혁지체다. 이러한 사태는 결국 올바른 정책에 의해 바로 잡힐 수 있는 성질의 것이지, 자유주의적 세계질서 자체를 위협하는 것은 아니다.

　반면, 역사는 일정한 방향성을 갖고 진보하는 것으로서 현대의 자유주의적 국가 체제에서 그 절정에 도달한다는 나의 주장은 기본적으로 오류였다. '역사의 종언'에 대해 논평했던 수백 명의 비평가 중 극소수만이 내 가설의 진정한 취약점을 찾아냈다.

　현대 자연과학의 발전이 끝이 없는 한 역사는 끝날 수가 없는 것이다. 우리는 과학발전의 새로운 국면에 들어서 있다. 놀랍게 발전하는 과학은 코제브*가 말한 '그 자체로서의 인간*'을 사라지게 하고 '후인간의 역사'(posthuman history)를 열어갈 것이다.

　(중략)

기술발전이 앞으로 어떻게 진행될 것인지 예측하는 일은 물론 불가능하다. 생명공학은 내가 제시한 것처럼 위력이 그리 강하지 않은 것으로 판명될 수도 있다. 유전자 조작에 대한 도덕적 거부감이 너무 강해 그 분야에서의 연구가 중단될 수도 있을 것이다.

지난 10년간 벌어진 정치·경제적 사건을 통해 '역사의 종언'이란 내 이론이 틀렸음을 입증하려 했던 이들은 모두 헛짚었다. 1989년 여름 이후 세계 정치에서 벌어진 일들 중 그 어느 것도 원래의 내 주장에서 빗나가지 않았다. 자유민주주의와 시장은 오늘날 현대 세계의 일원이 되려고 하는 어느 사회에나 유일한 현실적 대안으로 남아 있다.

'역사의 종언'이란 내 가설의 결정적 결함은 전혀 다른 차원에 있었다. 프랑스 혁명 이래 새로운 인간형의 창조를 통해 인간 본성의 한계를 극복하려는 다양한 사조가 출몰했다. 20세기말에 이르기까지 이러한 실험이 실패함으로써 우리는 사회건설주의(Social Constructivism)의 한계를 목격했다. 그 대신 시장에 기반한 자유주의적 질서가 해답임이 확인됐다. 유년기의 사회화, 정신분석학 그리고 선전선동, 노동운동 등 20세기 사회건설주의자들의 사회개조 수단은 너무 조야해서 인간 행동의 심층구조를 효과적으로 바꿀 수가 없었다.

현대 자연과학의 무한한 발전가능성으로 볼 때 우리는

앞으로 몇 세대가 지나면 그동안 실패했던 일들을 달성할 수 있는 지식과 기술을 얻게 될 것이다. 그리고 우리는 더 이상 인간 그 자체(human beings as such)로서만 존재하게 되지 않게 됨으로써 인간의 역사(Human History)에 분명한 종언을 고하게 될 것이다. 그때 새로운 후인간의 역사(Posthuman History)가 시작될 것이다.

    * 코제브(Alexandre Kojeve. 1902-68): 프랑스의 헤겔 철학자. 헤겔과 하이데거의 이론을 조화시키는 데 주력했다.

    * 그자체로서의 인간(mankind as such): 주어진 인간 본성 그대로의 인간.

—프란시스 후쿠야마 *Second Thoughts:*

The Last Man in a Bottle

〈 서울대 2008학년도 예시문제 1차 〉

다음 글을 읽고 물음에 답하시오.

(가)

시장이 항상 효율적인 자원 배분을 가져오는 것은 아니다. 독과점의 횡포, 환경오염의 피해, 공공재의 생산 부족 등이 나타날 수 있기 때문이다. 정부는 이런 시장 실패를 해결하기 위해 민간의 경제 활동에 개입해 왔다. 환경보

호를 위한 규제, 공기업을 통한 독점 사업의 운영, 독과점과 불공정 거래에 대한 규제 등이 바로 그것이다. 또한 정부는 특정 산업 부문에서의 기업 활동에 대한 인, 허가를 특정한 업자에게만 내주기도 하는데, 이는 기업 간의 과도한 경쟁 방지, 자원의 효율적 이용, 공익 증진 등을 위해서이다. 개발도상국에서는 특정한 전략 산업을 육성할 목적으로 정부가 독과점 기업이 될 수 있는 인, 허가를 내주는 경우도 있다. 또한, 정부 규제는 소비자의 권익 보호와 산업의 건전한 발전이라는 목적을 가진다. 정부는 이러한 규제 활동을 통해 경제적, 사회적 활동에 수반되는 부작용을 최소화하고, 국민의 생명과 재산을 보호하며, 국민의 복지를 증진시키고자 한다.

—고등학교 사회 교과서

(나)

정부 규제는 본래의 취지와는 달리 여러 가지 부작용을 초래하기도 한다. 기업 경쟁력의 약화, 기업과 정부의 유착, 관료 집단의 이기주의와 부정, 부패 등이 바로 그것이다. 1980년대 이후 세계 여러 나라들은 국민 생활과 기업 활동의 자율성을 보장하기 위해 규제 완화를 지속적으로 추진하고 있다. 이는 민간의 능동적 참여와 자발적 창의가 실현될 때, 지속적인 경제 성장이 가능하다는 사실을 깨달았기 때문이다. 영국의 예를 들어보자. 19세기에 세계 제일의 경제력을 보유하였던 영국은 20세기 들어 소위 '영국병'이라 불리게 된 지속적인 생산성의 하락과 수출 시장의 축소를 경험하였다. (중략) 1979년 보수당 집권 이후 영국 정부는 노조에 대한 강경 정책을 실시하는 한편, 민간 경제의 활성화를 위해 공기업의 민영화, 규제 완화, 재정 지출 삭감, 조직 개편 등을 추진하였다. 또한 1980년대 중반 이후에는 석유공사, 항공회사, 전신, 전화회사 등과 같은 주요 공기업을 민간에 매각함으로써, 경영의 효율성을 제고하고 정부 예산을 절감할 수 있었다. 이러한 개혁의 결과 영국 경제는 다시 건강을 회복할 수 있었다. 1960~1970년 사이에 1인당 제조업 생산 증가율은 선진국 중 11위에 불과하였으나, 1979~1994년 사이에는 2위로 부상하게 된 것이다.

—고등학교 사회 교과서

(다)

모든 개인은 그가 좌우할 수 있는 모든 자본에 대해서 가장 유리한 용도를 발견하고자 끊임없이 노력하고 있다. 물론 그의 1차 관심사는 자기 자신의 이익으로 그 사회의 이익은 아니다. 그러나 그 자신의 이익추구가 자연적으로 또는 오히려 필연적으로 그에게 가장 유리한 용도를 선호하게 유도하는 것이다. (중략) 물론, 각 개인은 사회공공의 이익을 촉진하려고 직접 노력하지 않고, 실제로 자신이 어느 정도 사회공공의 이익을 촉진하고 있는지도 모른다. 그가 외국의 산업보다 국내의 산업을 도와주고 싶어하는 것은 오로지 자기 자신의 안전을 위함이고, 그가 그 산업의 생산물이 최대의 가치를 갖게 되도록 그 산업을 운영하고자 하는 것은 그 자신의 이득을 취하기 위함이다. 그리하여 그는 이 경우에도 다른 경우와 마찬가지로 보이지 않는 손(invisible hand)에 이끌려 자신이 전혀 의도하지 않았던 목적을 추구하게 되는 셈이다. 그것이 그가 의도한 바가 아니라는 것은 반드시 사회에 대해 나쁜 것은 아니다. 그는 자기 자신의 이익을 추구함으로써 실제로 사회의 이익을 직접 추구했을 경우보다 더욱 유효하게 사회의 이익을 증진하는 수가 많은 것이다.

—Adam Smith 〈국부론〉, 고등학교 경제 교과서

(라)

인간과 자연 환경의 운명이 순전히 시장 메커니즘 하나에 좌우된다면, 결국 사회는 폐허가 될 것이다. 구매력의 양과 사용을 시장 메커니즘에 따라 결정하는 것도 같은 결과를 낳는다. 비록 사람들은 '노동력'도 똑같은 상품이라고 우겨대지만, 일하라고 재촉하거나 마구 써먹거나, 심지어 사용하지 않고 내버려 두거나, 어쨌든 그 특별한 상품을 몸

에 담은 인간 개개인은 반드시 영향을 입게 마련이다. (중략) 노동 시장, 토지 시장, 화폐 시장이 시장 경제에 '필수적'이라는 점은 의심할 여지가 없다. 하지만 인간과 자연이라는 사회의 실체와 경제 조직이 보호받지 못한 채 그 '악마의 맷돌'에 노출된다면, 어떤 사회도 무지막지한 상품 허구의 경제 체제가 몰고 올 결과를 한순간도 견뎌내지 못할 것이다.

—Karl Polanyi 〈거대한 변환〉

[논제1]

[가], [나], [다], [라]를 입장에 따라 2개의 그룹으로 나누고 그렇게 나눈 이유를 논술하시오.

[논제2]

[라]는 우리 삶을 시장경제에만 맡겨둘 경우에 발생하게 될 위험에 대해 경고하고 있다. 이러한 경고가 정당한 것인지, 과도한 것인지 위의 제시문들을 토대로 논술하시오.

[논제3]

위의 논의를 기반으로 기업의 입장에서 '기업하기 좋은 환경'이란 어떤 것이고, '기업하기 좋은 나라'는 어떤 나라인지 설명하고, 그러한 나라의 좋은 면과 나쁜 면을 평가하시오.

〈 2006대입 서울대 논술고사 문제 〉

[논제]

사례 〈A〉, 〈B〉, 〈C〉는 현실 사회에서 문제가 되는 경쟁의 양상을 비유적으로 보여준다. 이 세 가지 경쟁의 성격을 설명하고, 이를 바탕으로 경쟁의 공정성과 경쟁 결과의 정당성에 대해서 논술하시오.
(제시문 〈1〉 ~ 〈7〉을 참고할 것)

● 사례 A

고슴도치와 토끼가 맛있는 음식을 걸고 달리기 시합을 하였다. 고슴도치는 꾀를 써서 몰래 자신과 닮은 아내를 경주의 결승점에 먼저 보냈다. 토끼가 도착하자 고슴도치 아내가 "나는 벌써 와 있다."하고 말하였다. 결국 고슴도치가 음식을 차지하였다.

● 사례 B

초등학교 축구팀과 아마추어 성인 축구팀이 축구경기를 하게 되었다. 심판은 새로운 규칙을 정하여, 초등학생 팀은 11명, 성인 팀은 6명으로 하며, 성인 팀 선수는 상대에게 태클을 할 수 없도록 하였다. 심판은 규칙의 준수 여부를 엄격히 감시하였다.

● 사례 C

　　새끼고양이 가운데 한 마리가 유난히 작고 허약해서 어미젖을 먹을 때도 다른 형제들에게 밀려 생존이 어렵게 보였다. 주인이 그 고양이에게 먹이를 먼저 주는 등 특별히 돌보고 사랑하여 그 고양이도 다른 고양이들과 마찬가지로 잘 성장할 수 있었다.

【제시문 1】

　　어떤 마을에 누구나 가축을 방목할 수 있도록 개방되어 있는 공동의 땅이 있었다. 이 마을 주민들은 각자 자신의 땅을 갖고 있지만, 이 공동의 땅에 자신의 가축을 가능한 한 많이 풀어놓으려 한다. 자신의 특별한 비용 부담 없이 넓은 목초지에서 신선한 풀을 마음껏 먹일 수 있기 때문이다. 각 농가에서는 공유지의 신선한 풀이 자신과 다른 농가의 모든 가축들을 기르기에 충분한가 걱정하기보다는 공유지에 방목하는 자신의 가축 수를 늘리는 일에만 골몰하였다. 주민들의 이러한 행동으로 인하여 공유지는 가축들로 붐비게 되었고, 그 결과 이 마을의 공유지는 가축들이 먹을 만한 풀이 하나도 없는 황량한 땅으로 변하고 말았다.

—개릿 하딘 〈공유의 비극〉

【제시문 2】

　　인간이 아무리 이기적이라고 할지라도 인간의 본성에는 분명 연민(憐憫)과 동정(同情)의 원리가 존재한다. 이 원리들로 인해 우리는 인간의 운명에 관심을 가지게 되며 자기에게는 별 이익이 없어도 타인이 행복하기를 바란다. 타인의 비참함을 목격할 때 우리는 이러한 연민과 동정을 느낀다. 도덕적이거나 인간미가 풍부한 사람은 물론이고, 무도한 폭한(暴漢)이나 사회의 법률을 극렬하게 위반하는 사람도 이러한 감정을 가지고 있다.

—애덤 스미스 〈도덕감정론〉

【제시문 3】

　　자본주의의 현실에서 중요한 것은 전통적 형태의 경쟁이 아니라 신상품·신기술·신공급원·신조직 형태 등과 관련한 경쟁이다. 이 경쟁은 비용 또는 품질에서 결정적 우위를 차지하게 하는 결과를 초래하며, 기업의 이윤이나 생산량의 다과(多寡)를 좌우하는 정도에 그치지 않고 기업의 토대 및 그 생존 자체까지도 좌우한다. 이런 종류의 경쟁은 다른 경쟁보다 훨씬 더 중요하다.

　　어떤 사업자가 자기 분야에서 독점적 지위를 가지고 있는 경우에, 외부에서는 경쟁압력이 없을 것이라고 생각하겠지만 그는 늘 경쟁 상태에 있다고 느낀다. 예외가 없는 것은 아니지만, 그는 결국 완전경쟁 상태와 마찬가지로 행동하게 될 것이다. 따라서 경쟁이 독점보다 언제나 바람직하다는 명제는 성립하지 않는다. 이러한 관점에서 자본주의 사회에서 성공적인 혁신자가 차지하는 독점이윤은 정당하다고 할 수 있다.

—요제프 A. 슘페터 〈자본주의 · 사회주의 · 민주주의〉

【제시문 4】

오늘날 일반적으로 사회적 또는 분배적 정의라고 간주되는 것은 인위적인 질서에서만 의미를 가질 뿐이지 자생적인 질서 속에서는 전혀 의미가 없다.

자유의 제한은 특정한 목적을 달성하기 위한 것이지만, 그것 때문에 잃게 되는 것은 일반적으로 인식되지 않는다. 시장 질서에 대한 간섭의 직접적인 효과는 대부분 가시적이며 피부로 느낄 수 있으나, 간접적으로 나타나는 부정적인 효과는 대부분 알기 어렵기 때문에 무시되기 쉽다.

따라서 사유와 간섭 사이의 선택이 그때그때의 편의에 맡겨진다면, 이는 분명히 자유의 점진적인 파괴를 초래하세 될 것이다. 자유를 제한하여 야기되는 손실을 인식하지 못한다는 이유로 자유를 제한하는 것이 정당화될 수는 없다.

—프리드리히 A. 하이에크 〈법, 입법, 그리고 자유〉

【제시문 5】

　　사상 체계의 제1 덕목을 진리라고 한다면 정의(正義)는 사회 제도의 제1 덕목이다. 이론이 아무리 정치(精緻)하고 간명하다 할지라도 그것이 진리가 아니라면 배척되거나 수정되어야 하듯이, 법이나 제도가 아무리 효율적이고 정연한 것일지라도 그것이 정당하지 못하면 개혁되거나 폐기되어야 한다. 모든 사람은 사회 전체의 복지라는 명목으로도 유린될 수 없는 정의에 입각한 불가침성을 가진다. 그러므로 정의(正義)에 따르면 타인들이 가지게 될 더 큰 선(善)을 위하여 소수의 자유를 빼앗는 것이 정당화될 수 없다. 다수가 누릴 더 큰 이득을 위해서 소수에게 희생을 강요하는 것은 정의에 부합하지 않는다. 그러므로 정의로운 사회에서는 동등한 시민적 자유란 이미 보장된 것으로 간주되며, 따라서 정의에 의해 보장된 권리들은 어떠한 정치적 거래나 사회적 이득의 계산에도 좌우되지 않는다. 그보다 나은 이론이 없을 경우에만 결함 있는 이론이나마 따르게 되듯이 부정의(不正義)는 그보다 큰 부정의를 피하기 위해 필요한 경우에만 참을 수 있다. 인간 생활의 제1 덕목으로서 진리와 정의는 지극히 준엄한 것이다.

—존 롤즈 〈사회정의론〉

【제시문 6】

경제가 시장기능에만 의존하면 시장이 붕괴될 수 있기 때문에 국가는 경쟁정책을 수립할 필요가 있다. 기업은 경쟁질서에 반하여 행동할 때 경쟁질서를 준수할 때보다 더 큰 이윤을 얻을 수 있다고 생각하기 때문에, 경쟁질서에 반하는 행위를 하고자 하는 충동을 가지게 된다. 안정을 얻고자 하는 욕구와 권력에의 의지(意志)가 각 개인들에게 경쟁의 자유로운 흐름을 조작하고자 하는 동기를 부여한다. 한번 형성된 경제권력은 시장 자체의 힘에 의해서 자연스럽게 붕괴되기 어렵다. 그런데 강력한 경제권력은 경쟁관계를 마비시키고, 권력구조의 고착화로 인하여 경제적 비효율을 초래하며, 경제의 흐름을 왜곡하여 우수한 시장참여자에게 손해를 끼친다. 그러므로 국가는 경쟁이 그릇된 방향으로 흘러가지 않도록 경쟁을 보호할 임무가 있다. 국가는 경쟁의 원칙을 세우고 이를 관철시켜야 하며, 기업은 이러한 틀 안에서 경쟁을 통하여 제 기능을 발휘할 수 있어야 한다.

—오토 슐레히트 〈사회적 시장경제〉

【제시문 7】

'경쟁'이라는 말은 어원적으로 '함께 추구한다'는 뜻을 내포한다. 경쟁의 논리가 기술의 진보와 생산성 향상에 크게 기여했음은 부인할 수 없다. 인간의 욕구 수준을 계속

높여감으로써 새로운 진보와 창조를 가능케 한 것이다. 정치적인 측면에서도 경쟁 심리는 민주주의 발전의 핵심적인 동인(動因)이었다. 정치적 의지를 관철시키려는 이익집단 또는 정당 간의 치열한 경쟁을 통해 민주주의가 뿌리내릴 수 있었다. 그러나 오늘날 경쟁은 어원적 의미와는 달리 변질되어 통용된다. 경쟁은 더 이상 목적을 달성하기 위한 수단들 가운데 하나가 아니다. 경쟁은 그 자체가 하나의 범세계적인 지배 이데올로기로 자리 잡았다.

경쟁 논리가 지배하는 사회에서는 승리자와 패배자가 확연히 구분된다. 물론 아무렇게나 경쟁하는 것은 아니다. '게임의 법칙'이 공정했을 때 패자도 승부의 결과를 받아들이게 된다. 그렇지만 경쟁 사회에서는 '협상'을 통해 갈등을 해소하거나 타협점을 찾을 여지가 없다. 경쟁에서 상대방을 이기면 된다는 간단한 논리만이 존재할 뿐이다. 경제적인 측면에서 살펴보면, 경쟁이란 곧 상대의 이익을 빼앗는 과정이다.

—리스본 그룹 〈경쟁의 한계〉

미국에서 1억부 이상 판매된 기적의 논술가이드
클리프노트가 한국에 상륙했다!!

방대한 고전을 하루만에 독파하는 스피드
다락원 명작노트 **CliffsNotes™** 시리즈는

▶ 미국대학위원회, 서울대, 연·고대 추천 고전을 알기 쉽게 재구성한 대한민국 대표 논술교과서입니다. ▶ 작품의 핵심내용과 사상, 역사적 배경, 심볼, 작가의 의도 등을 명확하게 정리하여 방대한 원작을 쉽고 빠르게 이해할 수 있게 해줍니다. ▶ 미국에서 리포트, 논술용으로 1억 부 이상 팔린 초베스트셀러의 명성에 비평적 사고와 논리적 글쓰기의 모델을 제시하는 〈一以貫之〉의 논술 노트를 통해 사고 능력, 읽기 능력, 쓰기 능력을 체계적으로 길러줍니다.

★ 〈一以貫之〉 논술연구모임: 대입 논술이 시작될 때부터 학원과 학교에서 논술을 가르쳐온 전문가들의 모임입니다. 현재 서울·분당·평촌·인천·광주·부산·울산 등의 유명 학원과 고등학교의 논술강의 현장에서 학생들이 '자신의 물음'과 '자신의 생각'을 갖고 '자신의 글'을 쓸 수 있도록 도와주고 있습니다.

다락원 **명작노트** **CliffsNotes™** 시리즈 50권 출간

001 걸리버 여행기 002 동물농장 003 허클베리 핀의 모험 004 호밀밭의 파수꾼 005 구약 성서

006 신약 성서 007 분노의 포도 008 빌러비드 009 이반 데니소비치의 하루 010 카라마조프 가의 형제들

011 순수의 시대 012 안나 카레니나 013 멋진 신세계 014 캉디드 015 캔터베리 이야기 016 죄와 벌

017 크루서블 018 몽테크리스토 백작 019 데이비드 코퍼필드 020 프랑켄슈타인 021 신곡

022 막대한 유산 023 햄릿 024 어둠의 심연 쒀 025 일리아드 026 진지함의 중요성 027 제인 에어

028 앵무새 죽이기 029 리어 왕 030 파리대왕 031 맥베스 032 보바리 부인 033 모비딕

034 오디세이 035 노인과 바다 036 오셀로 037 젊은 예술가의 초상 038 주홍 글씨 039 테스

040 월든 041 워더링 하이츠 042 레미제라블 043 오만과 편견 044 올리버 트위스트 045 돈키호테

046 1984년 047 이방인 048 율리시스 049 실낙원 050 위대한 개츠비

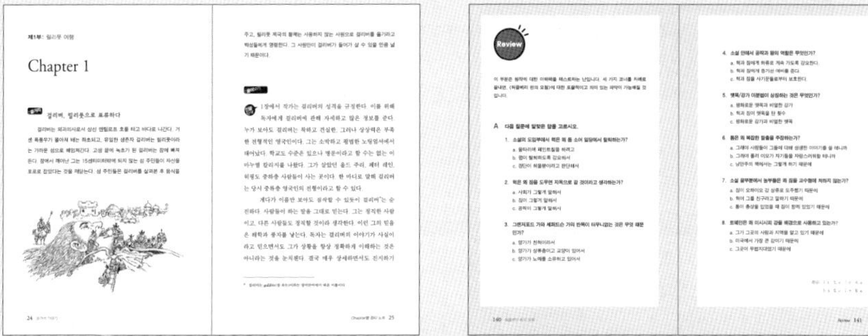

작가 노트 | 작가에 대해 꼭 알아야 할 배경지식이 담겨 있습니다.

작품 노트 | 작품의 개요, 전체 줄거리, 등장인물 등 작품 전반을 이해하는 데 필수적인 부분을 실어 놓았습니다.

Chapter별 정리 노트 | 각 장의 '줄거리'와 '풀어보기'가 들어 있습니다. '줄거리'에서는 원작의 내용을 명쾌하게 파악할 수 있습니다. '풀어보기'에서는 원작에 담긴 문학적 경향, 주제, 상징 등을 다루었습니다.

인물분석 노트 | 등장인물에 대한 보다 면밀한 분석이 들어 있습니다.

마무리 노트 | 작품의 주제 등 보다 넓은 시각에서 작품을 볼 수 있도록 도와줍니다.

Review | 작품 이해도를 묻는 질문 코너입니다. 다양한 질문에 답하다 보면 작품에 대한 포괄적이고 의미 있는 파악이 가능해집니다.

一以貫之 논술 노트 | 권말에는 일이관지 논술연구모임에서 작성한 해당 작품과 관련한 논술 노트가 실려 있습니다. 원작을 우리의 삶과 연계시켜 비판적 사고와 논리적 글쓰기의 방향을 제시합니다.

실전 연습문제 | 해당 작품을 바탕으로 출제 가능성이 높은 논점을 함께 숙고해 봅니다.

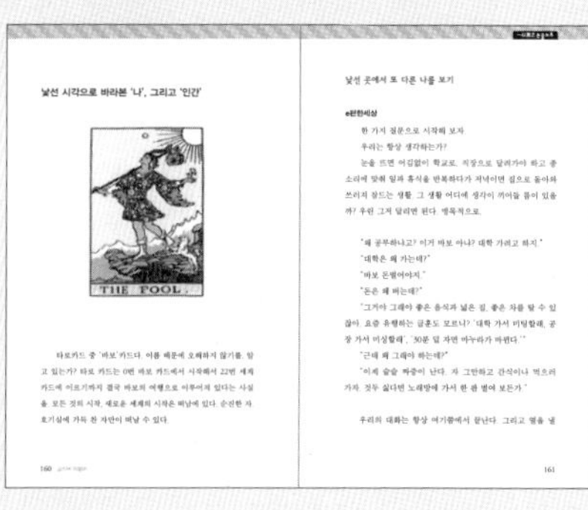

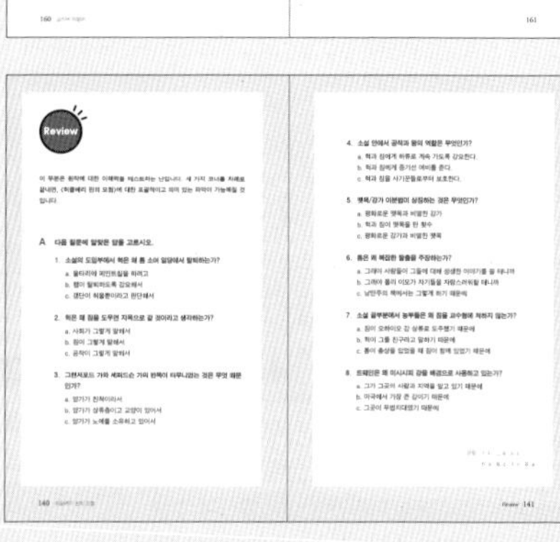

★ 변형 국판　★ 각권 8,500원

〈행복한 명작 읽기〉는 기초가 약한 영어 초급자나 초, 중, 고 학생들이 보다 즐겁고 효과적으로 명작들을 읽으며 독해력을 키울 수 있도록 개발된 독해력 증강 프로그램입니다.

국판 | Grade 1, 2, 3 각권 **6,000**원(오디오 CD 1개 포함)
Grade 4, 5 각권 **7,000**원(오디오 CD 1개포함)
*어린왕자 **8,000**원(오디오 CD 2개 포함)
고도를 기다리며 **9,000원(오디오 CD 2개 포함)

책의 특징

1 골라 읽는 재미가 있다. 초보자를 위한 350단어 수준에서 중고급자를 위한 1,000단어 수준까지 5단계 구성.
2 단계별로 효과적인 영어 읽기 요령과 영문 고유의 참맛을 느낄 수 있는 장치가 곳곳에.
3 읽기만 해도 영어의 키가 쑥쑥 – 해석을 돕는 돼지꼬리(⌒), 영어표현 및 문법 설명, 퀴즈가 왕창.
4 체계적인 듣기 학습까지. 전문 미국 성우들의 생동감 넘치는 원음을 담은 오디오 CD 제공.

Grade 1 Beginner	Grade 2 Elementary	Grade 3 Pre-intermediate	Grade 4 intermediate	Grade 5 Upper-intermediate
350words	**450**words	**600**words	**800**words	**1000**words
1 미녀와 야수	11 이솝 이야기	21 톨스토이 단편선	31 오페라 이야기	41 센스 앤 센서빌리티
2 인어공주	12 큰 바위 얼굴	22 크리스마스 캐럴	32 오페라의 유령	42 노인과 바다
3 크리스마스 이야기	13 빨간머리 앤	23 비밀의 화원	33 어린 왕자*	43 위대한 유산
4 성냥팔이 소녀 외	14 플랜더스의 개	24 헬렌 켈러, 나의 이야기	34 돈키호테	44 셜록 홈즈 베스트
5 성경 이야기 1	15 키다리 아저씨	25 베니스의 상인	35 안네의 일기	45 포 단편선
6 신데렐라	16 성경 이야기 2	26 오즈의 마법사	36 고도를 기다리며**	46 드라큘라
7 정글북	17 피터팬	27 이상한 나라의 앨리스	37 투명인간	47 로미오와 줄리엣
8 하이디	18 행복한 왕자 외	28 로빈 후드	38 오 헨리 단편선	48 주홍글씨
9 아라비안 나이트	19 몽테크리스토 백작	29 80일 간의 세계 일주	39 레 미제라블	49 안나 카레니나
10 톰 아저씨의 오두막	20 별 | 마지막 수업	30 작은 아씨들	40 그리스 로마 신화	50 나에겐 꿈이 있습니다 –명연설문 모음

쉬운 영문을 통해 영어 독해에 대한 막연한 두려움을 없앤다

실력에 맞게 효과적으로 끊어 읽으며 직독직해 훈련을 한다.

영문판 원서 도전을 위한 전 단계의 준비과정이다.

왕초보 기초다지기

실력 굳히기

영어의 맛
제대로 느끼기